UN GUIDE DE MÉDITATION AUTHENTIQUE

Shar Khentrul Jamphel Lodrö

Édité par Dr. Adrian Heckel

Dzokden

Auteur: Shar Khentrul Jamphel Lodrö
Traducteur français: Stéphane Giardino, Béatrice Tilemans, Marc Bouillaguet, Pierre-Joseph de Souza
Éditeur Français: Pierre-Joseph de Souza

Première édition
ISBN: 978-1-958229-18-7 (Broché)
ISBN: 978-1-958229-19-4 (ePub)

Publié par:
DZOKDEN

Cet ouvrage a été produit par Dzokden, une institution à but non lucratif entièrement gérée par des bénévoles. Cette organisation se consacre à la propagation d'une vision non sectaire de toutes les traditions spirituelles du monde et à l'enseignement du bouddhisme d'une manière qui soit à la fois totalement authentique et en même temps pratique et accessible à la culture occidentale. Il se consacre tout particulièrement à la diffusion de la tradition Jonang, un joyau rare provenant d'une région reculée du Tibet qui préserve les précieux enseignements de Kalachakra

Pour plus d'informations sur les activités programmées ou le matériel disponible, ou si vous souhaitez faire un don, veuillez contacter :

Dzokden
3436 Divisadero Street
San Francisco, CA 94123 USA
www.dzokden.org
office@dzokden.org

Sommaire

Lettre de l'auteur

Les instructions de méditation présentées dans ce livre ne sont pas quelque chose à lire quelques fois puis à mettre de côté - il peut être incroyablement précieux de se familiariser avec elles et de les pratiquer comme un objectif de toute une vie. Si vous vous consacrez à la mise en pratique de ces instructions, votre vie aura un véritable sens et un grand intérêt. Cependant, un peu de pratique ne mènera pas nécessairement à des réalisations, à moins que vous ne possédiez un degré exceptionnel de capacité spirituelle innée. De même qu'un acrobate ne peut pas faire de cascades dès sa naissance et doit s'entraîner continuellement, la méditation est quelque chose que vous devez pratiquer encore et encore. En général, il vous faudra beaucoup de persévérance, d'engagement et de sagesse, ainsi que les conseils avisés d'enseignants ou d'amis spirituels. Après un certain temps, cependant, votre pratique deviendra une seconde nature et ne nécessitera plus autant d'efforts ; elle devient alors une source de joie et de grande signification.

Si vous n'arrivez pas à faire le lien avec des idées telles que l'éveil ou les jhanas, rappelez-vous que le but essentiel de la pratique bouddhiste est de toujours être attentif à votre conduite et d'avoir un bon cœur à tout moment. De ce point de vue, la méditation est une méthode importante pour "se familiariser" aux sentiments d'amour et de compassion que vous devriez essayer de développer en permanence. Qui que vous soyez et quoi que vous fassiez, vous en tirerez certainement un grand bénéfice.

Shar Khentrul Rinpoche Jamphel Lodro
Belgrave, Australia

Bouddha Shakyamuni méditant sous l'arbre Bodhi

Introduction

De nos jours, la pratique de la méditation est de plus en plus populaire. Elle est reconnue comme un élément important d'un mode de vie sain et comme un aspect essentiel de nombreuses traditions spirituelles. Comme apprendre à méditer correctement peut potentiellement conduire à de nombreux bénéfices, j'ai pensé qu'une brochure comme celle-ci serait utile afin de présenter la voie de la méditation d'une manière à la fois authentique et accessible.

Tout d'abord, je crois que ce texte est authentique parce qu'il est basé sur les enseignements bouddhistes traditionnels qui ont été testés depuis plus de deux mille ans - en suivant ces instructions, d'innombrables méditants ont pu découvrir la vraie nature de leur réalité et ont complètement transformé leur vie. Ces enseignements offrent une approche pratique dont chacun peut bénéficier, quelle que soit son origine ou sa religion. Nous les appelons cependant "bouddhistes" pour affirmer qu'ils proviennent d'une source authentique.

J'ai essayé de rendre ce contenu accessible, en minimisant l'utilisation du jargon et en faisant référence à une variété de sources modernes. J'ai tenté de résumer une variété de méthodes de méditation qui non seulement étaient efficaces à l'époque du Bouddha, mais ont également été utilisées avec un succès considérable par des enseignants modernes.

J'espère que ce livre vous aidera à trouver le type de méditation qui vous "ramènera chez vous" quand vous le souhaiterez - dans un espace de calme et de clarté dans lequel vous pourrez trouver la paix et restaurer votre énergie, ou à partir duquel vous pourrez vous engager efficacement dans le monde et vous déplacer avec grâce dans les vagues de la vie. Mais avant tout, j'espère que ce livre pourra servir de "pont" vers l'éveil, que vous suiviez une voie bouddhiste ou toute autre tradition spirituelle authentique. Pour ceux qui sont particulièrement intéressés par la voie bouddhiste, je vous encourage chaleureusement à explorer les références à la fin de ce livre, en particulier la série Dévoiler votre vérité sacrée.

BONNE CHANCE !

Les Préliminaires

I. POURQUOI EST-IL IMPORTANT DE MÉDITER ?

Nous disposons tous d'un potentiel illimité pour développer notre esprit, pourtant, il est actuellement affligé par la torpeur, la distraction et les émotions incontrôlées, ainsi que par le potentiel de ces états à se manifester. La méditation peut purifier et affiner notre esprit. À un certain niveau, elle peut nous aider à mener une vie plus efficace, équilibrée, calme et paisible. À un niveau plus profond, elle peut nous aider à développer une puissante force d'esprit et de concentration. Si nous sommes capables de renoncer à notre attachement aux intérêts du monde et de développer une grande compassion, cela peut nous conduire à la découverte de notre nature éclairée.

Nous devons nous rappeler que la méditation développe la conscience de l'esprit non-physique. Aujourd'hui, nous commençons à comprendre que les phénomènes mentaux proviennent d'une dimension cachée de la réalité, plus fondamentale que la séparation entre l'esprit et la matière. C'est ce que les bouddhistes considèrent comme l'esprit subtil, et de nombreux méditants l'ont découvert directement. Contrairement aux cinq consciences des sens, qui dépendent de certains organes physiques, cet esprit subtil peut être entraîné de manière illimitée. Par conséquent, la pratique de la méditation peut conduire à des résultats extraordinaires si nous persévérons dans cette voie.

Vous vous demandez peut-être comment la méditation peut vous être utile dans votre vie quotidienne ? Tout d'abord, votre qualité de vie dépend de la façon dont vous percevez les choses et y répondez, ce qui est déterminé par la qualité de votre conscience. La pratique de la méditation peut améliorer celle-ci, de sorte que vous pouvez apprendre à aborder la vie depuis un espace de calme, de clarté, de perspicacité et de compréhension accrue. Elle peut donc vous aider à vous sentir présent, ancré et connecté à toutes vos expériences. Plutôt que de réagir vivement aux événements extérieurs, vous serez mieux à même de comprendre les choses telles qu'elles sont et de réagir avec sagesse, patience et gentillesse envers vous-même et les autres. Vous pouvez alors découvrir une liberté intérieure qui vous permet de choisir vos réponses plutôt que de réagir, de résister ou de chercher à vous distraire.

La méditation présente également de nombreux avantages pour la santé. Ils incluent l'amélioration des capacités d'adaptation, de la mémoire, de l'efficacité, un meilleur sommeil, une réponse accrue à la relaxation, moins d'anxiété et de dépression, et une diminution de la douleur chronique (car vous pouvez apprendre à être simplement conscient de la douleur sans y adhérer). Elle peut également conduire à une réduction de la pression artérielle et du rythme cardiaque, à une amélioration de la fonction immunitaire et à des bénéfices dans un large éventail de conditions physiques, y compris les maladies cardiaques, le diabète et le cancer.

Cependant, le plus grand avantage d'une véritable pratique de la méditation est qu'elle est une clé qui ouvre la porte de l'éveil, ou du développement d'une grande sagesse et compassion. Ce concept peut sembler "farfelu", mais si vous développez réellement l'aptitude à la méditation, vous verrez la vie sous un angle entièrement nouveau et apprécierez la précieuse opportunité que cette vie vous offre en découvrant la vérité sur votre réalité. Si vous décidez de mettre sincèrement le pied dans ce périple, vous trouverez sans aucun doute de nombreux autres avantages dans votre vie également.

Dans ce livre, je commencerai par définir la méditation, suivie par un bref aperçu du parcours de la méditation et la manière de choisir un objet approprié. Je décrirai ensuite la méthode de méditation proprement dite, en commençant par mettre en place un environnement extérieur et intérieur approprié. Puis, en prenant pour exemple la pleine conscience de la respiration, nous parcourons les différentes étapes de la méditation qui mènent à la concentration parfaite en un seul point. Suivra un résumé des obstacles à la méditation et de leurs antidotes, puis des instructions sur la façon de s'engager dans la méditation analytique et une description de plusieurs pratiques de méditation avancées.

II. QU'EST-CE QUE LA MÉDITATION ?

Le mot "méditation" est connu dans le monde entier. Cependant, sa signification est souvent limitée, mal comprise et présentée d'une manière un peu simpliste, du moins du point de vue du bouddhisme. Le sens de la méditation est vaste comme un océan et englobe un trésor de compétences et de méthodes. Il n'est pas nécessaire de comprendre ses nombreuses significations à ce stade, mais il est vital de développer une vision correcte de la méditation et de comprendre les points les plus fondamentaux.

Tout d'abord, le mot tibétain pour la méditation est gom, qui signifie à la fois familiarité et processus de familiarisation. D'un point de vue bouddhiste, cela signifie apprendre à reconnaître et à s'habituer à une vision de la réalité qui reflète la véritable nature de votre expérience, ce qui vous permet de développer la sagesse et la compassion. En pratiquant la méditation de cette manière, vous vous habituez à un sens plus vrai de qui vous êtes vraiment et vous rendez cette vision plus solide et plus stable à mesure que votre concentration se développe. Plutôt que d'être quelque chose d'intellectuel, cette vision peut alors devenir une partie de votre réalité vivante.

À un niveau simple, nous pouvons considérer la méditation comme

*Un moine montrant la posture de méditation en sept
points de Vairochanai*

un outil de bien-être émotionnel et mental, et comme un moyen d›atteindre un équilibre dans nos vies. Dans le monde moderne, nous portons souvent beaucoup de tensions dans notre corps, poussés par l›habitude de la pensée compulsive et une culture qui nous encourage à aller de l›avant. La méditation peut donc être un outil permettant de redescendre avec élégance et de redécouvrir un point d'équilibre où vous pouvez choisir de rester tranquille et de restaurer votre énergie. En trouvant ce point d'équilibre, vous pouvez alors être plus efficace et avoir l'esprit plus clair lorsque vient le moment de bouger et d'agir dans le monde, comme dans votre vie professionnelle et familiale. C'est comme si vous saviez où se trouve la plage et que vous pouviez y retourner quand vous le souhaitez, alors que vous nagez dans l'océan de la vie et que vous rencontrez des conditions parfois calmes et parfois sauvages et orageuses. Vous pouvez également imaginer un sac que vous portez à vos côtés. Au début, il est assez léger, mais si vous continuez à le porter avec le même bras pendant de nombreuses heures, il deviendra de plus en plus lourd au fil des minutes. C'est similaire à la tension que nous portons avec nous - toutes nos histoires, nos peurs, nos inquiétudes, notre stress et nos responsabilités. La méditation vous permet de poser le sac, et vous pouvez ensuite le reprendre avec beaucoup plus de facilité, d'énergie et de clarté.

Il existe deux niveaux principaux de méditation : shamatha (également connu sous le nom calme mental) et vipashyana (ou vue profonde). Shamatha fait référence à la technique de méditation en un seul point, qui consiste à se concentrer intensément sur un seul objet afin de "s'y habituer", en unifiant et en concentrant l'esprit, qui devient ainsi beaucoup plus stable que l'esprit ordinaire. Il décrit également l'état d'esprit béat et non distrait qui résulte de la pratique de shamatha. vipashyana, quant à elle, fait référence à la méditation de l'introspective. Elle met l'accent sur la compréhension de la véritable nature de l'esprit et des phénomènes.

Si nous pensons à une bougie, shamatha est comme la stabilité de la flamme et vipashyana est comme l'éclat de la flamme. Pour voir clairement une image, il faut une flamme à la fois stable et lumineuse. De même, pour découvrir la véritable nature de votre expérience, vous avez besoin d'un esprit à la fois calme et clair. Cela ne signifie pas, cependant, que shamatha et vipashyana sont complètement séparés. De nombreux enseignants comparent ces deux méthodes aux deux extrémités d'un bâton ou aux deux côtés d'une main. Plus vous développez le calme et la concentration, plus vous avez de chances de développer une vue profonde. Plus vous développez une vue pénétrante, plus il est facile pour votre esprit d'être concentré et calme. Cependant, afin d'éradiquer complètement les émotions et les états mentaux nuisibles, il est nécessaire que les deux soient présents. C'est ce qu'on appelle l'union de shamatha et vipahysana.

Tous les types de méditation suivent la même méthode de base :

1. Calmez votre corps ;
2. Concentrez-vous sur l'objet que vous avez choisi ;
3. Lorsque les pensées ou les sentiments arrivent, observez-les et soyez-en conscient ; et
4. Ramenez doucement votre esprit vers l'objet.

La méditation Shamatha met l'accent sur la deuxième étape, puisque vous vous entraînez à vous habituer à un esprit stable ou à vous familiariser avec un objet au point que les pensées distrayantes deviennent très subtiles et finissent par ne plus surgir. La méditation de la vue pénétrante met principalement l'accent sur la troisième étape, lorsque vous apprenez à suivre les pensées et les sentiments en toute conscience ou à examiner leur nature. Dans les deux méthodes, il est essentiel de ne pas essayer de "bloquer" les pensées ou les sentiments, mais d'en être conscient et de ramener doucement l'esprit vers l'objet de la méditation.

Ces quatre étapes contiennent également trois compétences clés que vous développez progressivement au fur et à mesure que vous apprenez à méditer. La première est la relaxation, qui permet au corps d'apprendre à se défaire de toutes ses tensions habituelles et à se sentir "spacieux".

La deuxième est la pleine conscience, l'absorption de l'esprit dans l'objet de la méditation, de sorte que l'esprit devienne "rempli" de cet objet. La dernière compétence est la conscience ou la vigilance, qui fait référence à un aspect de l'esprit qui agit comme un gardien vigilant, vérifiant si vous êtes attentif ou non et rendant l'objet de plus en plus vivant. Elle vous avertit également si vous tombez dans des états de torpeur, d'agitation ou d'autres obstacles, et maintient une conscience réceptive des objets en arrière-plan tels que les images et les sons. Ces trois qualités sont comme les racines, le tronc et le feuillage d'un arbre. Au fur et à mesure que notre pratique se développe, les racines de la relaxation s'approfondissent, le tronc de la pleine conscience se renforce et le feuillage de la vigilance s'élève.

III. APERÇU DE LA VOIE DE LA MÉDITATION

L'adoption d'une pratique de la méditation commence par une clarification de votre motivation et une compréhension philosophique de jusqu'où cette pratique peut vous conduire. Il est également utile d'établir une base solide de moralité, de discipline et d'équilibre dans votre vie. Pour certaines personnes, cela peut signifier simplifier la vie pour faire de la place à la pratique de la méditation et pour d'autres, cela peut signifier s'impliquer plus activement dans la vie. Pour d'autres encore, cela peut signifier entrer dans un monastère ou faire le choix d'adhérer à un ensemble particulier de préceptes. Cette discipline de base vous aide à développer la pleine conscience dans votre vie quotidienne. La motivation avec laquelle vous vous engagez dans la pratique de la méditation peut être de vous faire du bien dans cette vie, d'atteindre la libération de la souffrance ou d'atteindre l'éveil complète pour le bien de tous les êtres. Chaque motivation est également valable et nous ne pouvons pas dire que l'une est meilleure que les autres, mais une motivation plus vaste est susceptible d'apporter plus de bienfaits.

En général, vous commencez par choisir un objet de méditation ap-

Les trois compétences clés de la méditation : la relaxation, la pleine conscience et l'attention ou vigilance

proprié (qu'il s'agisse d'un seul ou de plusieurs) et vous vous engagez dans une méditation à point unique afin d'atteindre l'*esprit shamatha*. Vous progressez progressivement à travers neuf états ou stades d'attentions, pour atteindre un état stable de paix et de concentration parfaite qui peut être dirigé sur n'importe quel objet de votre choix. Ceux qui atteignent shamatha sont libérés de toute émotion et sont capables de rester dans un état d'esprit paisible pendant une longue période. Cette méditation est commune aux traditions bouddhistes et non bouddhistes. Si vous faites des progrès pour atteindre la concentration en un seul point, vous découvrirez des états de grande paix pendant la méditation et constaterez de nombreux avantages dans votre vie quotidienne.

Si vous n' êtes pas attaché à cet état d'esprit paisible et que vous avez le courage et la volonté de progresser davantage, vous atteindrez un stade où vous serez très motivé pour continuer à pratiquer, inspiré par de nombreuses expériences de félicité et de paix. Cela peut conduire à l'atteinte d'états de concentration extrêmement raffinés, appelés jhanas. Il s'agit d'états d'esprit incroyablement béats et totalement absorbés, au cours desquels vous êtes totalement inconscient de toute réalité extérieure.

Le résultat de la pratique de shamatha ou de jhana peut être un accomplissement mondain ou "samsarique", ce qui signifie qu'il peut ne pas conduire à la libération de la souffrance. En revanche, du moins d'un point de vue bouddhiste, avec la motivation et la sagesse appropriées, cette réalisation peut être orientée vers l'éveil. De ce point de vue, shamatha n'est pas le but ultime, mais plutôt une étape fondamentale vers la découverte d'une véritable compréhension de la nature de votre expérience. Il est alors possible de surmonter toutes les émotions et tous les états mentaux destructeurs, et de se libérer parfaitement et durablement de l'expérience de la souffrance.

Certaines personnes développent d'abord l'esprit calme de shamatha, puis la vue profonde, tandis que d'autres développent d'abord la vue profonde, puis la stabilité méditative. D'autres, enfin, développent le calme et la perspicacité en même temps, ou en tandem, tandis que pour d'autres encore, il faut beaucoup de persévérance pour parvenir à stabiliser l'esprit et à cultiver la voie.

IV. LE CHOIX D'UN OBJET DE MÉDITATION

Afin de trouver la voie de la méditation qui vous convient le mieux, il est crucial de trouver un ou plusieurs objets de méditation qui correspondent à votre type de personnalité. Idéalement, il s'agit d'un objet dont vous tomberez amoureux. Vous pouvez choisir cet objet en fonction de votre expérience ou de vos préférences, ou un enseignant peut vous en recommander un. Un objet particulier est généralement choisi pour vous aider à surmonter une faiblesse particulière ou parce qu'il s'appuie sur vos points forts. Par exemple, si vous avez un petit caractère, la contemplation de la bonté aimante peut être un objet très approprié car elle sert d'antidote à la colère. Si vous avez une personnalité de type sentimental, vous serez peut-être attiré par la bonté ou les pratiques dévotionnelles pour une raison différente, car ce type d'objet correspond à votre personnalité. De même, les personnes de type penseur peuvent être attirées par certaines formes de méditation analytique et les personnes de type sensitif peuvent bénéficier de techniques qui mettent l'accent sur la conscience du corps ou la conscience sensorielle.

Il faut également tenir compte du fait que, lorsque vous méditez pour atteindre la concentration en un seul point, vous pouvez choisir un objet de plus en plus subtil à mesure que votre concentration s'améliore. Au début, un objet en mouvement, comme la marche lente ou la respiration, peut être le plus approprié, mais à un certain stade, il est préférable de se concentrer sur un objet stable, immobile, comme une image sainte ou un objet mental visualisé.

Selon le bouddhisme Mahayana et Vajrayana, il existe un nombre infini d'objets de méditation adaptés aux différents types d'êtres afin de développer la concentration en un seul point. Les enseignements

La méditation en marchant concentré sur la prise de conscience du sol.

Theravada, quant à eux, décrivent quarante objets de contemplation différents, adaptés à des personnes de tempérament différent. Nous pouvons diviser presque tous les objets de méditation en huit catégories :

1. Les méditations respiratoires (respiration spontanée et respiration contrôlée).
2. Les visualisations (comme une image du Bouddha ou des objets visuels appelés *kasinas* qui représentent les quatre éléments et les quatre couleurs).
3. Les méditations par mantra (où un son ou un groupe de syllabes est répété, souvent accompagné d'une visualisation).
4. Les méditations par le mouvement (comme la marche lente ou le yoga).
5. Les méditations sur les centres d'énergie ou chakras.
6. Les méditations jhana (états très profonds d'absorption méditative).
7. Les méditations analytiques (incluant des contemplations telles que l'impermanence, l'amour bienveillant ou les prières et pratiques dévotionnelles, ainsi que le questionnement sur la véritable nature de la réalité).
8. Les méditations de conscience ouverte (y compris la conscience ouverte du contenu de l'esprit ou la pratique d'obscurité du tantra Kalachakra).

Les six premières catégories mettent l'accent sur le développement de la concentration en un seul point, tandis que les deux dernières catégories mettent l'accent sur la vue profonde; toutefois, chaque catégorie peut conduire à la fois à la concentration et à la vue profonde. La pratique de l'obscurité de Kalachakra, par exemple, est utilisée pour atteindre shamatha en se concentrant sur l'état non conceptuel, et à un certain stade, cela conduit à une compréhension directe de la véritable nature de la réalité.

Si votre esprit est principalement affligé de pensées excessives ou si vous avez un "tempérament spéculatif", ce qui est assez courant dans notre mode de vie actif et tendu, se concentrer sur le flux naturel de la respiration peut être un moyen efficace de calmer l'esprit et de détendre le corps. La prise de conscience des sentiments et des sensations internes peut également aider à atteindre un état plus détendu, tout comme l'attention portée aux mouvements du corps, comme dans la marche lente ou le yoga. Pour la méditation sur la marche, vous devez vous concentrer attentivement sur chaque moment du mouvement de chaque pied, et vous pouvez synchroniser cela avec la respiration ("inspirez en prenant conscience du pied gauche, expirez en prenant conscience du pied droit") ou peut-être avec un mantra (bud-dho est utilisé dans la tradition thaïlandaise, une syllabe étant récitée silencieusement à chaque pas). L'utilisation de la respiration comme objet de méditation est décrite en détail plus loin dans ce livre.

Si votre émotion afflictive prédominante est la haine ou la colère, l'amour bienveillant, également appelé *metta*, peut être un bon objet de méditation. De même, la méditation sur la joie empathique peut être un objet approprié si vous avez une tendance à la jalousie. Pour méditer sur la bonté aimante, vous devez reconnaître que tous les êtres recherchent le bonheur, tout comme vous, et cultiver le souhait que les autres trouvent le bonheur authentique et ses causes. Cette méditation est la base de contemplations plus avancées sur l'amour et la compassion présentées dans la tradition bouddhiste Mahayana .

Si, en revanche, l'attachement ou la luxure est votre affliction prédominante, une méthode efficace consiste à évoquer une personne désirable et à penser à toutes les caractéristiques peu attrayantes de son corps, comme la chair, les os, les organes internes, le pus, le sang et l'urine. Vous pouvez également vous remémorer les différents stades de décomposition d'un cadavre humain, que les enseignements Theravada décrivent en neuf étapes connues sous le nom de neuf contemplations du charnier. Bien que cela puisse sembler répugnant, ceux qui pratiquent cette forme de méditation sont souvent surpris de constater que leur expérience est très heureuse, car la félicité émerge naturellement une fois que le désir affligeant est supprimé.

Les objets appropriés pour ceux qui ont une nature fidèle (types de sentiments) comprennent le souvenir du Bouddha et des Trois Joyaux, des divinités et des vertus telles que la générosité. Cela peut s'appliquer en particulier aux personnes issues du christianisme ou d'autres religions fondées sur la foi qui sont attirées par la prière ou les pratiques dévotionnelles. D'autre part, pour ceux qui sont de type pensant, les objets appropriés comprennent la pleine conscience de la mort et de l'impermanence, la contemplation du corps en tant que collection d'éléments et la contemplation de l'interdépendance. Ces contemplations peuvent également être un antidote à l'orgueil ou à l'arrogance.

Une méthode de visualisation efficace, qui combine plusieurs de ces objets, consiste à prendre conscience que votre corps provient d'afflictions et de propensions karmiques, puis à le visualiser comme une collection impure de chair, d'os, de sang, de pus, d'excréments et de toute autre caractéristique à laquelle vous pouvez penser. Au centre du cœur, visualisez une lumière symbolisant votre nature éclairée qui rayonne lentement dans tout le corps. L'esprit reste concentré en un seul point, suivant la lumière sans distraction, et votre corps entier devient une lumière lumineuse indestructible. Cela symbolise la purification complète et la réalisation progressive de votre nature éveillée.

Tant que votre motivation est pure et que votre vision est correcte, les méditations tantriques impliquant des visualisations et des mantras peuvent être un moyen très efficace de pratiquer. Elles peuvent convenir tout particulièrement à ceux qui ont une personnalité intuitive. Les méditations qui impliquent des visualisations et des mantras (connues sous le nom de yoga de la déité ou de l'étape de génération) peuvent vous connecter à un aspect de votre nature éclairée, et une déité particulière peut convenir à un tempérament particulier. Par exemple, le mantra Manjushri OM AH RA PA DZA NA DHI peut être utilisé pour développer la sagesse et le mantra Chenrezig OM MA NI PADME HUNG peut être utilisé pour évoquer la compassion. Le mantra Vajrapani, HUNG VAJRA PHET, peut vous aider à générer une force et un pouvoir de compassion. Le mantra du Bouddha de la Médecine, quant à lui, peut vous aider à vous guérir vous-même afin d'en faire bénéficier les autres : TAYATA OM BEKANZE BEKANZE MAHA BEKANZE RADZA SAMUDGATE SVAHA. Enfin, le mantra de la Tara blanche OM TARE TUTARE TURE SVAHA peut vous connecter à la qualité féminine de l'amour et de la longue vie. Chacune de ces pratiques est associée à une visualisation spécifique, dont les détails peuvent être trouvés dans divers textes. Toute personne ayant la bonne motivation peut tirer un certain bénéfice de la récitation de ces mantras; cependant, ils sont plus puissants si vous avez reçu une initiation ou si vous avez entrepris une étude spécifique.

Les centres d'énergie ou chakras sont un autre objet de méditation, bien qu'en général, dans le bouddhisme, ils fassent partie de pratiques assez avancées qui nécessitent généralement l'accomplissement de certains préliminaires (connus sous le nom de stade d'accomplisssement). Faire ces pratiques en tant que débutant, c'est comme construire une maison sans fondation solide et il est peu probable que cela apporte beaucoup de bénéfices. Plusieurs écoles yogiques non bouddhistes proposent des méthodes puissantes pour activer les chakras et peuvent être très efficaces pour certains types de personnes. Toutefois, si vous visez l'éveil, vous devez examiner attentivement s'il existe des différences entre les points de vue bouddhistes et yogiques, et vous demander quelle voie vous sera la plus bénéfique à long terme.

Enfin, il convient de choisir un (ou plusieurs) objet(s) de méditation qui vous aide(nt) à développer la concentration de telle sorte que vous puissiez l'intégrer dans votre vie quotidienne. La conscience du moment présent ou la conscience ouverte peut donc être une méthode très pratique, car votre expérience de la vie reflétera votre expérience de la méditation. Votre travail quotidien peut également devenir une forme de méditation. Vous vous trouverez souvent dans un état de "fluidité" lorsque votre travail n' est ni trop ennuyeux (entraînant somnolence) ni trop stimulant (entraînant le stress et l'agitation). En fait, le Bouddha a dit un jour à une vieille femme qui voulait méditer de rester consciente de chaque mouvement de ses mains pendant qu'elle tirait de l'eau d'un puits, et cela est devenu sa pratique quotidienne.

Vous remarquerez également différents cycles au cours de la journée, au cours desquels certains objets de méditation sont plus appropriés que d'autres. Si vous observez attentivement les cycles naturels du corps, vous constaterez que l'esprit et le corps alternent entre des périodes de mouvement (dépense d'énergie) et des périodes d'immobilité (restauration de l'énergie). Pendant les périodes de mouvement, il est plus efficace d'utiliser un objet de méditation dans lequel notre esprit est "dirigé" ou canalisé dans une direction claire, comme une méditation analytique, un mantra ou le comptage de la respiration. Dans les périodes d'immobilité, vous pouvez privilégier des méditations plus "réceptives", car l'esprit est naturellement plus calme, ouvert et bienheureux. Vous pouvez même apprendre à méditer pendant les états de rêve et de sommeil profond, ce qui peut vous permettre de maintenir une conscience continue, jour et nuit.

V. CRÉER LE BON ENVIRONNEMENT

Pour qu'une graine devienne un arbre, nous avons besoin de diverses conditions telles qu'un sol fertile, la lumière du soleil et la pluie. De même, pour entraîner l'esprit à la méditation, nous avons besoin de diverses conditions extérieures et intérieures. Il s'agit notamment du bon emplacement, de la bonne posture, du bon état d'esprit ou de la bonne intention et de pratiques préliminaires pour calmer l'esprit.

(i) Le bon endroit

Tout d'abord, il est utile de préparer un endroit propice à la pratique de la méditation : calme, propre, sans encombrement, béni et exempt d'interruptions ou de distractions. Certains lieux conviennent à différents types de pratique - un environnement forestier paisible, par exemple, peut aider à développer le calme et la concentration, tandis qu'un lieu offrant une vue dégagée peut être un endroit efficace pour cultiver la clairvoyance. Bien qu'un environnement bruyant ou contenant de nombreuses distractions puisse constituer un obstacle pour les débutants, si vous parvenez à développer une bonne pratique de la méditation en dépit de ces difficultés, cela peut vous permettre de mieux réussir.

Lorsque vous commencez à méditer, il est préférable de respecter un horaire strict et de tenir les séances au même endroit, en se concentrant sur le même objet. Le temps que vous passez en méditation, lors de chaque pratique, dépend de votre capacité et de votre état d'esprit. Cinq à quinze minutes par séance est un bon point de départ, et plusieurs fois par jour est l'idéal.

(ii) La bonne posture

Il est également important de connaître les éléments de la posture qui sont les plus propices à un esprit stable, car l'esprit grossier est temporairement associé au corps et influencé par celui-ci pendant que vous êtes en vie. Le développement mental, lui aussi, est temporairement associé au corps jusqu'à ce que vous le laissiez derrière vous au moment de la mort. Dans toutes les pratiques bouddhistes, les choses matérielles sont considérées comme des moyens utiles pour atteindre une fin pendant cette vie temporaire. Le corps, de cette façon, est comme un bateau et le méditant est comme un passager. Le passager est dépendant du bateau lorsqu'il traverse l'océan et, sans le bateau, il pourrait se noyer ou ne pas atteindre la terre ferme. Pourtant, une fois la destination atteinte, le bateau n'est plus utile.

Vous pouvez méditer en étant assis, allongé, en marchant ou debout, et chacune de ces postures peut être utilisée de manière formelle ou informelle.

Pour s'asseoir, il faut utiliser une chaise rembourrée confortable à dossier droit ou un tabouret ou un coussin de méditation. Les mains sont posées ensemble sur les genoux ou sur les cuisses, le dos est droit comme une flèche et le menton est légèrement rentré. Si votre esprit est agité, vous pouvez vous allonger sur le dos, les bras le long du corps et les mains ouvertes (mais évitez cette posture si votre esprit est engourdi). Pour favoriser une plus grande clarté d'esprit, vous pouvez vous allonger sur le côté droit, la main droite sous le visage, les jambes jointes avec les genoux légèrement pliés et le bras gauche le long du côté gauche de votre corps. Pour marcher et vous tenir debout, vous devez tenir vos mains, droite et gauche, devant votre corps, ou vous pouvez entrelacer vos doigts si vous trouvez cela difficile. En veillant à avoir une posture droite mais détendue, vous devez laisser vos bras pendre naturellement.

Il est utile de connaître en détail les éléments de la posture assise car il s'agit de la posture la plus propice à une méditation efficace, ce qui est nécessaire si vous êtes déterminé à atteindre des états de concentration élevés. Elle se compose de sept caractéristiques et est connue comme la posture en sept points du Bouddha Vairochana. Ces sept caractéristiques sont les suivantes :

Les jambes (croisées)

Idéalement, les jambes doivent être croisées dans la posture du vajra, le pied gauche reposant sur la cuisse droite et le pied droit sur la cuisse gauche. Si cette position est trop difficile, n'importe quelle position confortable des jambes croisées fera l'affaire, mais notez que vous obtiendrez une plus grande stabilité et un meilleur équilibre si vous soulevez les fesses de sorte que les hanches basculent vers l'avant. Comme notre corps est très sensible à notre environnement, en vous asseyant sur le sol, vous pouvez ressentir la grande énergie associée à l'immense terre qui se trouve sous vous et qui vous soutient ou vous retient. Une bonne position jambes croisées procure un excellent équilibre physique et représente également un équilibre ou une union de la méthode et de la sagesse.

Il est tout aussi important d'être confortable que de s'asseoir dans la position appropriée. La position assise optimale contribue au développement de votre méditation, mais s'asseoir confortablement signifie que vous serez moins distrait dans votre méditation et que votre corps se détendra beaucoup plus facilement. Vous pouvez donc choisir de vous asseoir sur une chaise, les jambes détendues, les genoux à angle droit et les fesses fermement soutenues par la chaise, sans oublier de garder le dos droit.

Mains (sur les genoux)

La main droite doit être placée sur la main gauche, paume vers le haut, et reposer doucement sur le pubis (pour les femmes méditantes, placer la main gauche sur la droite peut être plus efficace). Les extrémités des pouces doivent se toucher légèrement sous le nombril. La position des mains exprime l'unification de la méthode et de la sagesse pendant votre pratique. Vous devez ressentir une sensation de détente des épaules aux poignets et jusqu'aux mains, ce qui permet de relâcher toute tension dans le haut du corps.

Dos (colonne vertébrale droite)

Le corps doit être maintenu droit comme une flèche ou une pile de pièces d'or, sans se pencher sur le côté, en arrière ou en avant. Cela a un effet énorme sur les vents intérieurs, qui sont les mouvements subtils d'énergie qui circulent dans le corps et l'esprit, étroitement liés à la respiration et pouvant être utilisés avec beaucoup d'effet dans certaines pratiques avancées. Le dos droit aide également votre esprit à rester alerte et attentif. Vous devez essayer de vous sentir équilibré et clair à l'intérieur de votre corps, du sommet de la tête à la base. Vous pouvez faire de légers ajustements tout au long de la méditation pour vous assurer que votre posture est équilibrée et droite. L'objectif est de rester calme, détendu et attentif ; être raide et immobile est une entrave à la prise de conscience.

Épaules et coudes (tirés en arrière et légèrement éloignés du corps)

Les épaules et les bras doivent être légèrement tirés vers l'arrière et légèrement courbés afin d'être placés de manière égale de chaque côté du corps, ce qui aide les poumons à se dilater correctement et facilite la respiration pendant la méditation. Les coudes doivent rester légèrement éloignés du corps.

Tête et cou (menton légèrement abaissé)

La tête ne doit pas être trop haute, ni trop penchée vers le bas non plus. Gardez la tête droite et centrée, avec le menton légèrement rentré et le nez aligné avec le nombril. Essayez de ne pas plier le cou latéralement ou vers l'arrière.

Bouche (visage détendu et pointe de la langue touchant le palais supérieur)

Les dents et les lèvres doivent être maintenues dans une position naturelle, les dents se touchant à peine. Il est important de garder le visage et la mâchoire détendus et paisibles, ce qui empêchera une déglutition excessive. La pointe de la langue doit être placée délicatement derrière les dents supérieures, ce qui aide à aiguiser l'esprit et à prévenir la sécheresse et le goutte-à-goutte. Si votre esprit est assez agité et qu'il vous est difficile d'atteindre un état de calme, placer la langue derrière les dents du bas peut aider à relâcher et à calmer l'esprit.

Les yeux (regard au-delà de la pointe du nez)

Les yeux ne doivent pas être ouverts trop largement, ni complètement fermés. S'ils sont trop ouverts, vous pouvez être facilement distrait, et s'ils sont complètement fermés, votre esprit peut devenir brumeux ou engourdi. Au début, cependant, le fait de garder les yeux légèrement fermés peut aider votre corps à entrer dans un état de relaxation plus profond. Après avoir médité ainsi pendant un certain temps, vous constaterez que vous êtes naturellement plus équilibré et vous souhaiterez peut-être ouvrir légèrement les yeux. De même, lorsqu'un objet visualisé est utilisé comme point focal pour la méditation, ou lorsque l'esprit est trop agité, il est important de fermer les yeux.

Il existe différentes méthodes pour diriger le regard. La première consiste à fixer directement devant soi une couleur pas trop vive ou un objet agréable ou sacré, comme une fleur ou une image du Bouddha. La deuxième méthode (la plus courante) consiste à diriger les yeux vers le bas, en fixant doucement et sereinement l'espace situé un peu devant le bout du nez. Ne vous concentrez pas trop, gardez les yeux immobiles et laissez les clignements naturels se produire. Ces deux méthodes conviennent aux débutants. D'autres méthodes de méditation spécifiques consistent à regarder vers le haut, les yeux grands ouverts, dans un espace étendu, ce qui peut en fait se produire naturellement lorsque l'esprit a atteint un certain niveau de calme et qu'une vision claire commence à apparaître. Une autre méthode, largement pratiquée dans la tradition Jonang du bouddhisme tibétain, consiste à méditer dans une pièce complètement sombre, les yeux grands ouverts et le regard fixé vers le haut, à environ 30 cm devant le front, dans l'obscurité totale.

Quiconque persévère à pratiquer correctement cette posture, même si elle semble difficile ou douloureuse au départ, finit par la trouver extrêmement confortable et bénéfique pour la santé. Le principal avantage, cependant, est qu'elle aidera votre pratique de la méditation et votre développement mental à long terme. Si vous n'êtes pas vraiment préoccupé par une pratique intensive et l'atteinte de shamatha, il peut être tout aussi efficace de pratiquer dans n'importe quelle position que vous trouvez confortable et facile à détendre.

(iii) La bonne attitude

De nombreuses "conditions intérieures" sont nécessaires à une pratique réussie de la méditation. Selon les enseignements Theravada, le renoncement est la condition la plus importante - cela signifie reconnaître la vérité de la souffrance et considérer la méditation comme un outil permettant de surmonter l'expérience de la souffrance. Certaines personnes se lancent dans la méditation avec cette idée en tête, mais oublient cette intention et deviennent complaisantes lorsque leur pratique se déroule bien ou que leur vie s'est améliorée. Le Bouddha a comparé cela à quelqu'un qui cherche du bois de cœur mais qui, au lieu de cela, coupe les branches ou l'écorce d'un arbre et les emporte, pensant que c'est du bois de cœur.

Dans la tradition tibétaine, le neuvième Karmapa décrit quatre conditions nécessaires à une méditation réussie : le renoncement, la confiance en un enseignant du dharma qualifié, une perspective non sectaire et un esprit libre de toute attente. Si vous suivez une voie mahayana, il est important de considérer l'éveil des autres comme plus importante que votre propre libération, en vous rappelant la motivation spéciale de la bodhicitta et en invoquant le soutien du Bouddha ou de votre maître du Dharma. Vous devriez également raviver cette motivation à la fin de votre pratique, en la consacrant à l'éveil de tous les êtres. Cela garantit que le mérite de votre pratique est sûr et peut augmenter, sinon il peut être réduit ou détruit par la négativité.

Dans un sens pratique, vous devriez vous considérer comme une personne "sans histoire", abandonnant les souvenirs du passé ou du futur ainsi que les distractions et les attentes présentes. En particulier, vous devriez abandonner les pensées de découragement si votre pratique ne se déroule pas bien, et éviter de vous laisser emporter par la fierté et l'excitation si vous rencontrez de bonnes expériences pendant la méditation.

(iv) Pratiques préliminaires

Afin de commencer la méditation avec un esprit calme et réceptif, il est utile d'effectuer quelques pratiques préliminaires qui peuvent vous aider à y parvenir.

La première d'entre elles est une brève pratique de la tradition tibétaine appelée "exhaler l'air vicié", qui consiste à visualiser toutes vos impuretés expulsées avec force par vos narines. Cela permet d'éliminer du corps subtil les courants d'énergie contre-productifs qui sont associés à l'attachement, à l'aversion et à l'ignorance. Comme la respiration et l'esprit sont intimement liés, cette pratique est un excellent point de départ pour toute méditation.

Une version simple de cette pratique consiste à prendre trois respirations profondes, en inspirant chaque fois jusqu'au creux de l'estomac et en retenant cette inspiration pendant un moment, puis en expirant avec force par les deux narines tout en visualisant toutes les énergies impures telles que la luxure et la haine quitter votre esprit et votre corps. Vous pouvez répéter cette opération à tout moment de votre méditation si vous sentez que vous perdez votre concentration.

Une version légèrement plus élaborée implique un total de neuf respirations. Tout d'abord, inspirez profondément par la narine droite tout en fermant la narine gauche avec votre pouce gauche. Vous pouvez stabiliser la position de votre main gauche en plaçant l'index gauche au centre du front. Fermez ensuite la narine droite avec le majeur gauche et relâchez la narine gauche, en expirant par la narine gauche. Répétez cette opération trois fois, puis inspirez profondément par la narine gauche tout en continuant à fermer la narine droite avec le majeur gauche ; fermez ensuite la narine gauche avec le pouce gauche et relâchez la narine droite, en expirant par la narine droite. Répétez cette opération trois fois. Enfin, remettez vos mains sur vos genoux et inspirez profondément par les deux narines, puis expirez par les deux narines. Répétez cette opération trois fois, pour un total de neuf respirations.

Après cette pratique respiratoire, un rituel utile à suivre consiste à balancer votre corps d'un côté à l'autre et à prendre conscience des points de contact et des sons qui vous entourent. Vérifiez d'abord que votre colonne vertébrale est droite et balancez doucement votre corps d'un côté à l'autre, avec des mouvements de plus en plus petits jusqu'à ce que vous arriviez naturellement à un point d'équilibre. Prenez ensuite conscience des points de contact entre vos jambes ou vos pieds et le sol, vos fesses et votre siège, vos mains et vos genoux, puis assurez-vous rapidement que votre ventre, vos épaules, votre langue et votre mâchoire sont tous détendus. Enfin, prenez conscience de tous les sons qui vous entourent - devant vous, derrière vous et des deux côtés - en étant simplement réceptif et en écoutant sans réaction. Vous êtes maintenant prêt à méditer.

CHAPITRE DEUX

La Respiration Comme Objet et Les Étapes de la Méditation

Je vais maintenant décrire comment utiliser la respiration comme objet de méditation, et comment cela peut conduire progressivement à atteindre shamatha. Comme de nombreuses personnes dans le monde moderne vivent dans un environnement très actif et stimulant, la pensée excessive et l'agitation sont les principales afflictions que nous devons surmonter. Ces troubles sont souvent liés à une forte "tension nerveuse" présente dans notre corps. La méditation respiratoire est une excellente méthode pour lutter contre ces troubles. C'était d'ailleurs la méthode de méditation la plus enseignée par le Bouddha.

En utilisant la méditation sur la respiration comme modèle, je vais maintenant décrire quatre étapes progressives la pleine conscience du moment présent, la concentration de l'esprit sur l'objet, le maintien de l'esprit sur l'objet et le fin réglage de l'esprit (menant à shamatha). Cette présentation couvre les neuf états d'attention progressifs de la tradition tibétaine, basés sur les enseignements du Bouddha Maitreya et Kamalashila, ainsi que les étapes de la méditation sur la respiration présentées dans l'Anapanasati Soûtra de la tradition Theravada. Les deux premières étapes mettent l'accent sur la relaxation, tandis que la troisième étape met l'accent sur la pleine conscience ou la stabilité de l'attention. Après avoir atteint une bonne relaxation et une bonne stabilité, la vigilance ou la vivacité de l'attention est ensuite mise en avant dans les étapes suivantes.

Vous avez "atteint" un stade particulier lorsque votre expérience de la

Prendre la respiration comme objet de méditation

méditation correspond à la description de ce stade pendant la majeure partie de la méditation, dans toutes vos sessions. Néanmoins, le stade que vous avez atteint peut sembler varier considérablement d'une séance à l'autre, il est donc important d'adapter votre méthode à votre état d'esprit. Si, par exemple, votre esprit est beaucoup plus agité que d'habitude, il est bon de commencer par le début, en établissant d'abord une conscience détendue du corps, des sentiments et de l'esprit, ancrée par la respiration. En général, vous pouvez progresser rapidement à travers les étapes initiales avant d'atteindre votre "stade habituel", à condition de ne pas vous précipiter trop vite. Une "patience attentive" est le moyen le plus sûr de progresser.

Rappelez-vous également que votre chemin de méditation n'est jamais fixe, et qu'à un certain stade, vous pouvez décider qu'un objet ou une méthode de méditation différente est plus bénéfique. Par exemple, lorsque vous atteignez un certain niveau de concentration, vous pouvez préférer méditer avec la conscience ouverte comme objet, utiliser une visualisation et un mantra ou peut-être consacrer plus de temps à l'étude et à la méditation analytique. Quel que soit l'objet que vous choisissez, les étapes menant à shamatha s'appliquent toujours à votre pratique de la méditation.

I. LA CONSCIENCE DU MOMENT PRÉSENT AVEC LA RESPIRATION

De nombreuses personnes ont du mal à se fixer d'emblée sur un seul objet de méditation. L'objectif de cette première étape est donc de créer un état d'esprit réceptif (mais non réactif), capable de noter simplement tous les stimuli extérieurs sans y réagir ni les reprendre. En outre, vous pouvez utiliser la respiration pour ancrer votre conscience et détendre consciemment le corps. Vous pouvez donc rapidement générer un état d'esprit à la fois calme et alerte, ni trop serré ni trop relâché.

Qu'est-ce que la pleine conscience ?

Littéralement, cela signifie que l'esprit est "plein" de ce qu'il vit. C'est lorsque vous remarquez votre expérience et restez simplement présent à ce qui est, sans penser à ce qui se passe ni le décrire. Un enseignant Theravada a décrit la pleine conscience en termes de cinq caractéristiques :

1. Une conscience centrale du présent.
2. Un maintien et un don d'attention, soit avec une attention réceptive ouverte, soit avec une attention plus recueillie.
3. Une conscience qui ne juge pas, qui prend du recul plutôt que d'être prise dans un jugement, qui voit les choses telles qu'elles sont et non telles que nous sommes.
4. Une qualité réceptive, ouverte à toute une gamme d'expériences sans résister ni réagir, comme une antenne parabolique recevant des informations.
5. Une conscience non personnelle, qui consiste à ne pas croire ou prendre personnellement tout ce qui est noté ou connu, y compris les pensées, les sentiments et les sensations douloureuses.

Pour développer la pleine conscience, il faut d'abord prendre conscience des différents éléments qui composent votre expérience. Ceci est décrit en détail dans un enseignement connu sous le nom des quatre fondements de la pleine conscience, tiré du Satipatthana Soûtra. Il s'agit des éléments suivants

Conscience du corps

Cela inclut la conscience de la respiration, savoir quand vous avez une respiration longue ou courte, être conscient du mouvement de la respiration et du calme que cela apporte à tout le corps. Elle comprend également : la conscience de la position du corps (savoir quand vous marchez, êtes debout, assis ou couché), la conscience de l'endroit où vous allez, la conscience de la façon dont vous vous déplacez, mangez, buvez et déféquez, la conscience de parler et de garder le silence, la conscience des caractéristiques peu attrayantes de votre corps, la conscience des éléments qui composent votre corps et la conscience de la mort et de l'impermanence.

Conscience des sentiments

Il s'agit de savoir simplement quand vous éprouvez un sentiment agréable, un sentiment douloureux ou un sentiment neutre. Cela peut se produire soit au contact des cinq sens, soit au contact d'objets mentaux, notamment les perceptions, les souvenirs, les pensées et les images mentales. Des sentiments plus subtils peuvent également apparaître lorsque votre esprit est calme, comme une sensation de béatitude ou de bonheur qui envahit votre corps.

Conscience des états d'esprit

Cela inclut le fait de savoir qu'un esprit avec un désir est un esprit avec un désir, tandis qu'un esprit sans désir est un esprit sans désir. De même, vous savez quand la colère, l'ignorance, la contraction, la distraction et d'autres états sont présents, et vous savez quand ces états sont absents. Vous savez également quand l'esprit est concentré et quand il est libéré, et quand ce n'est pas le cas.

Conscience des phénomènes

Cela signifie que vous êtes conscient de tous les phénomènes ou contenus de l'esprit. Cela peut inclure la conscience des objets sensoriels tels que les sons, les objets visuels, les goûts, les odeurs et les sensations tactiles, ainsi que les objets mentaux tels que les souvenirs et les proliférations de pensées. Cependant, cela signifie également savoir que la nature de ces phénomènes est impermanente, souffrance (ou incontrôlable) et dépourvue de nature propre.

En résumé, la pleine conscience signifie être conscient d'une gamme complète d'expériences, en commençant par la conscience du corps et en s'étendant aux sentiments, aux états mentaux, aux objets sensoriels et aux objets mentaux. Vous pouvez alors découvrir que votre esprit peut se sentir "plein" plutôt que fragmenté, désincarné ou pris dans les pensées. Le Satipatthana Soûtra indique également que vous devez contempler tous ces objets comme "apparaissant, disparaissant et apparaissant et disparaissant", ainsi que "intérieurement, extérieurement et intérieurement et extérieurement". Cela peut donner plus de profondeur à votre pratique de la pleine conscience, en vous aidant à l'étendre au monde extérieur et à aligner votre expérience sur la vision bouddhiste de la réalité.

La pleine conscience en utilisant la respiration comme point d'ancrage

Bien qu'il soit possible de pratiquer la pleine conscience en prêtant simplement attention à tout ce qui se présente dans votre expérience, il peut être encore plus utile d'ancrer cette expérience dans la conscience de la respiration. Le Bouddha a donc enseigné l'Anapanasati Soûtra afin de montrer comment la conscience de la respiration pouvait remplir les quatre fondements de la pleine conscience, et comment cela pouvait conduire à la libération.

Ce Soûtra donne des instructions pour effectuer seize respirations de pleine conscience, ce qui constitue une méthode rapide et efficace pour calmer l'esprit et, en même temps, acquérir une conscience claire de notre expérience. Ces seize respirations font également référence aux seize étapes de la concentration, qui sont accomplies dans l'ordre ; cependant, nous les considérons ici ensemble.

Pour commencer cette pratique, vous devez trouver un endroit calme et adopter une posture correcte, le corps bien droit, et être attentif pendant que vous inspirez et expirez naturellement. Vous devez vous dire ou simplement savoir :

Inspiration longue (je suis) conscient(e) de la longue (ou courte) respiration,
    expiration (je suis) conscient(e) de la longue (ou courte) respiration.

Inspirer court (je suis) conscient(e) de la courte respiration,
    expirer (je suis) conscient(e) de la courte respiration

Inspirer en prenant conscience du corps,
    expirer en prenant conscience du corps.

Inspirer en calmant le corps,
    expirer en calmant le corps

Inspirer en prenant conscience des sentiments,
    expirer en prenant conscience des sentiments

Inspirer en calmant les sentiments,
    expirer en calmant les sentiments

Inspirer en prenant conscience de la joie,
    expirer en prenant conscience de la joie

Inspirer en prenant conscience du bonheur,
    expirer en prenant conscience du bonheur

Inspirer en prenant conscience de l'esprit,
    expirer en prenant conscience de l'esprit

Inspirer en réjouissant l'esprit,
    expirer en réjouissant l'esprit

Inspirer en concentrant l'esprit,
    expirer en concentrant l'esprit

Inspirer en libérant l'esprit,
expirer en libérant l'esprit

Inspirer en prenant conscience de l'impermanence,
expirer en prenant conscience de l'impermanence

Inspirer en ayant conscience de se dissiper,
expirer en ayant conscience de se dissiper

Inspirer en prenant conscience de la libération,
expirer en prenant conscience de la libération

Inspirer en laissant aller, expirer en laissant aller

Répétez ce cycle de respiration encore et encore, en remarquant comment votre esprit et votre corps deviennent calmes, clairs et présents. Au début, il est utile de se répéter les instructions en silence pendant que vous inspirez et expirez, et de contempler chaque sujet pendant que vous faites cela, en particulier l'impermanence. Vous pouvez penser, par exemple, qu'il n'y a pas de soi permanent dans votre corps, vos sentiments ou votre esprit, que chacun de ces éléments a une nature "souffrante" ou incontrôlable et qu'il n'y a pas de "soi" qui contrôle ce qui se passe. Finalement, vous pouvez laisser tomber tout cela et savoir simplement que vous êtes conscient de tous ces éléments pendant que vous respirez, en entrant dans un état de conscience plus réceptif. Ensuite, lorsque votre esprit commence à s'égarer ou à se désintéresser, vous pouvez recommencer à répéter silencieusement les instructions, peut-être de manière condensée en utilisant deux, quatre ou huit respirations de pleine conscience. En alternant de cette manière, vous devriez être en mesure de maintenir une bonne concentration avec un peu de pratique.

La respiration, en tant que "point d'ancrage" de la pleine conscience, est un élément auquel vous pouvez toujours revenir si vous rencontrez des difficultés dans la méditation ou dans la vie quotidienne. C'est comme la plage. Les situations difficiles qui surgissent en méditation ou dans la vie sont comme des vagues dans l'océan. Pourtant, si vous savez comment revenir sur la plage, vous éviterez d'être emporté par la mer ou d'être submergé par de grosses vagues. Vous pouvez facilement revenir à cette pratique dans la vie quotidienne, car vous respirez en permanence et vous apprenez à associer la pleine conscience à la respiration. Pendant les pauses dans votre activité normale, vous pouvez prendre quelques respirations profondes et vous amener consciemment à l'état de détente et d'alerte que vous avez développé pendant la méditation formelle.

II. AMENER L'ESPRIT À SE CONCENTRER SUR L'OBJET DE LA MÉDITATION (COMME UNE CHUTE D'EAU SE DÉVERSANT SUR DES ROCHERS)

En cultivant d'abord la conscience du moment présent, vous découvrirez comment un esprit alerte peut coexister avec un corps détendu. Ensuite, afin de développer un type de concentration plus ciblé, vous pouvez vous concentrer sur un champ d'attention plus étroit. Si vous vous concentrez sur un seul objet pour commencer, vous risquez fort de resserrer votre esprit et votre corps, aggravant ainsi toute tension préexistante. Cela est particulièrement vrai dans le monde moderne où les gens ont souvent beaucoup de tensions stockées dans leur corps.

Selon l'Anapanasati Soûtra, la façon la plus efficace de commencer cette pratique est de simplement observer la respiration suffisamment pour savoir si elle est longue ou courte. On se dit donc :

En inspirant (je suis) conscient de la respiration courte (ou longue),
en expirant conscient de la respiration courte (ou longue).

J'inspire en étant conscient de l'inspiration longue (ou courte),
j'expire en étant conscient de l'inspiration longue (ou courte).

La clé de la méditation à ce stade est de maintenir un état d'esprit détendu et le plus grand obstacle auquel vous serez confronté est la tendance de votre esprit à contrôler la respiration. Cette instruction vous permet donc de rester attentif au flux naturel de la respiration, tout en évitant de le contrôler. En abandonnant la tendance à contrôler votre respiration (en remarquant simplement quand elle s'arrête d'elle-même), vous vous détendez, tandis qu'en portant votre attention sur la durée de la respiration, vous augmentez votre vigilance.

Le Soûtra ne précise pas où nous devons nous concentrer sur la respiration. Pour parvenir à la relaxation, il est bénéfique de prendre conscience de la respiration dans tout le corps, mais vous trouverez peut-être plus naturel de vous concentrer sur une zone spécifique, comme la poitrine ou le ventre. Au fur et à mesure que vous prenez conscience de la "respiration" de l'ensemble du corps, votre perception du souffle devient plus subtile. C'est ce que l'on appelle le vent intérieur, qui ressemble parfois à des courants d'énergie circulant dans le corps. Vous pouvez visualiser ce souffle subtil circulant autour de votre corps, en passant par chaque partie tour à tour, ou vous pouvez imaginer que tout votre corps expire et inspire, comme si une vague de souffle traversait votre corps. Vous pouvez également aider votre corps à se détendre en plaçant la langue derrière les dents du bas et en ralentissant l'expiration. Si ces méthodes ne parviennent pas à calmer votre esprit, il se peut qu'il y ait une zone de tension dans une partie particulière de votre corps, peut-être liée à certaines émotions douloureuses - dans ce cas, il peut être utile de concentrer votre souffle spécifiquement sur cette zone, en observant tout ce qui se présente et en élargissant le souffle autour de cette zone.

Une autre technique à ce stade consiste à compter les respirations, à raison d'un compte par respiration. Une méthode consiste à répéter "un, un, un..." pendant toute la durée d'une inspiration et d'une expiration, puis "deux, deux, deux..." pour la durée de l'inspiration suivante, en répétant cela pour un total de dix respirations avant de compter à rebours de dix à un. Une autre méthode consiste à compter "un" après l'arrêt de l'inspiration, suivi de "deux" après l'expiration, en répétant cette opération jusqu'à dix fois. Une autre méthode, utilisée dans la tradition thaïlandaise, consiste à réciter le mantra Buddho avec la respiration : Bud avec l'inspiration et Dho avec l'expiration.

Cette étape de la méditation respiratoire correspond approximativement aux deux premiers états d'attention du système tibétain, où l'accent est mis sur la compréhension des instructions de méditation et l'obtention d'un état de relaxation :

Fixer l'esprit sur un objet

Au début, garder l'esprit fixé sur l'objet demande beaucoup d'efforts. Votre capacité à rester fixé sur l'objet est initialement assez limitée et il n'y aura que de brefs moments où vous pourrez le faire. Il peut sembler que votre esprit soit encore plus perturbé qu'avant de commencer et vous avez l'impression que vos pensées discursives augmentent. Cependant, cela signifie probablement que vous prenez conscience de la condition habituelle de l'esprit pour la première fois, ce qui est la première réalisation.

Cette première étape est atteinte grâce au pouvoir d'entendre ou d'écouter les instructions du professeur sur la méthode de méditation et sur l'objet à choisir. Elle est atteinte lorsque vous pouvez placer l'esprit sur l'objet de méditation souhaité, ne serait-ce que pendant une seconde ou deux. Si votre objet est la respiration, vous pouvez y parvenir dès votre première tentative, mais s'il s'agit d'une visualisation complexe, cela peut prendre plusieurs semaines.

Placement continu

Les périodes de distraction sont toujours plus longues que les périodes de concentration, mais les périodes pendant lesquelles vous êtes capable de rester fixé sur l'objet deviennent plus fréquentes. L'esprit devient plus stable et vous pouvez occasionnellement maintenir une concentration ininterrompue pendant environ une à cinq minutes, et vous avez le sentiment que les pensées discursives diminuent. Cette étape est atteinte grâce au pouvoir de la réflexion. Vous êtes capable de fixer l'esprit sur l'objet, mais vous devez encore vous rappeler les instructions à plusieurs reprises avec compréhension.

Ces deux premiers niveaux ont pour but de fixer l'esprit sur un objet, et il est donc nécessaire de s'engager de manière très ciblée. Les étapes ultérieures, en revanche, visent à y maintenir l'esprit. Les principales fautes à surmonter à ces deux niveaux sont la paresse, en particulier le fait de ne pas écouter attentivement les instructions, et l'oubli de l'objet de la méditation.

À ce stade, le mouvement des pensées à travers l'esprit est comparé à une cascade qui tombe sur des rochers ; cela ne signifie pas que la quantité de nos pensées augmente, mais plutôt que nous en prenons conscience pour la première fois.

III. GARDER L'ESPRIT SUR L'OBJET DE LA MÉDITATION (DEVENIR COMME UNE RIVIÈRE QUI COULE DANS UNE GORGE)

Au cours de l'étape précédente, vous commencez à faire l'expérience d'une concentration continue sur le souffle, en dirigeant votre attention vers la prise de conscience de sa longueur ou en comptant le souffle tandis que le corps devient de plus en plus détendu. Une fois que vous avez acquis une certaine stabilité avec cette méthode, vous pouvez simplement laisser votre attention s'écouler avec la respiration, en la suivant sur toute sa longueur. Vous laissez donc votre esprit être absorbé par la respiration du premier moment de l'inspiration au dernier moment, en remarquant le vide entre les deux, puis en suivant l'expiration du début à la fin. De cette manière, alors que votre corps est déjà très détendu, vous commencez à développer une attention continue, puis une vigilance. Selon le Soûtra, vous devriez simplement savoir :

En inspirant (je suis) conscient de tout le corps (du souffle),
en expirant conscient de tout le corps (du souffle).

Cette instruction est généralement considérée comme faisant référence à la longueur du souffle, bien que certains l'interprètent comme signifiant que vous devez être conscient du souffle qui se déplace dans tout votre corps. Comme dans l'étape précédente, vous devez vous concentrer sur le souffle là où il vient naturellement, en déplaçant votre attention plus bas si vous devez vous détendre davantage (par exemple au niveau du ventre) et en la déplaçant plus haut si vous devez renforcer votre vigilance (par exemple au niveau de la pointe du nez). En même temps, cependant, vous devez maintenir une conscience périphérique de l'ensemble du corps pendant que vous respirez.

L'objectif de cette étape est de devenir tellement absorbé par la respiration que vous ne serez pas distrait par les sons, les images ou même les sensations désagréables dans le corps. En particulier si vous êtes fatigué, l'esprit peut s'embrouiller. À ce stade, un effort vigilant est nécessaire pour resserrer votre attention et saisir clairement chaque instant de la respiration.

Les états attentionnels correspondants, qui visent à établir la pleine conscience puis la vigilance, sont les suivants :

Mise en place de l'attention

À ce stade, vous prenez conscience de toute distraction à votre concentration et avez développé la capacité de ramener l'esprit vers l'objet de la méditation avec effort grâce au pouvoir de la pleine conscience. Vous êtes capable de ramener votre attention sur l'objet dès qu'elle s'est égarée, comme si vous mettiez un patch sur un tissu. De cette manière, vous réinitialisez votre concentration et êtes capable de rester concentré sans interruption, généralement pendant cinq à dix minutes. Vous commencez donc à devenir conscient et à progresser vers une véritable méditation, car votre attention est fixée sur l'objet la plupart du temps dans pratiquement toutes vos séances de méditation.

Arriver ne serait-ce qu'à ce troisième stade est une grande réussite et peut faire une grande différence dans votre capacité à contrôler l'esprit dans la vie quotidienne.

Placement final

La concentration est si forte à ce stade que l'esprit ne perd jamais complètement la fixation sur l'objet, et l'agitation grossière n'est plus un obstacle. L'esprit se retire donc d'un large éventail de choses pour se concentrer plus étroitement. Vous êtes capable de maintenir l'objet en permanence, mais il est toujours nécessaire de développer des niveaux croissants de clarté ou d'intensité et aussi de gérer l'agitation subtile, c'est-à-dire lorsqu'une partie de votre esprit s'éloigne de l'objet de concentration sans pour autant le perdre complètement. Au cours de cette quatrième étape, le pouvoir de la pleine conscience est atteint, de sorte que vous pouvez tenir l'objet de la concentration avec une telle stabilité que vous y revenez facilement chaque fois que vous êtes distrait. Toutefois, vous devez veiller à ce que cette stabilité ne se fasse pas au détriment de la relaxation. Il se peut donc que vous ayez encore besoin d'appliquer des techniques pour détendre l'esprit afin de faire face à une agitation subtile, par exemple en gardant la langue derrière les dents du fond.

Discipliner l'esprit

Nous avons maintenant développé la capacité de surmonter la somnolence et l'agitation grossière, et l'attention ou la vigilance de l'esprit se développe. L'obstacle à surmonter à ce stade est la torpeur subtile ou l'affaissement qui survient parce que le retrait de l'esprit des objets externes est allé trop loin. Il faut beaucoup de discipline et d'efforts pour le surmonter. Il existe un risque important de ne pas reconnaître la torpeur et l'affaisement subtil, qui se fait passer pour un état d'esprit stable et paisible, et vous devez éliminer cet obstacle en renforçant votre conscience avec une vigilance croissante. Il peut être difficile, cependant, de surmonter la torpeur subtile sans nuire à la stabilité, et cela peut parfois être un exercice d'équilibre assez délicat. À ce stade, nous devons générer un esprit élevé par l'inspiration, par exemple en nous remémorant les bonnes qualités de shamatha ou les enseignements du Bouddha. Il peut également être utile de soulever l'objet de méditation et de le rendre plus petit ou plus pointu, et de s'assurer que la langue repose maintenant derrière les dents du haut.

À ce stade, les pensées involontaires continuent de surgir, mais au lieu d'être une cascade, elles s'écoulent maintenant comme une rivière qui se déplace doucement dans une gorge. Il y a encore un peu de résistance à la pratique, bien que les résultats de nos efforts soient généralement assez apparents.

IV. LE RÉGLAGE FIN DE L'ESPRIT (COMME UNE RIVIÈRE QUI COULE LENTEMENT DANS UNE VALLÉE)

Après avoir atteint dans la pleine conscience de la respiration avec un niveau élevé de discipline, vous devez ensuite la calmer. Si vous passez à cette étape trop tôt, vous risquez d'être la proie de la torpeur et de la somnolence. C'est pourquoi vous devez vous assurer d'avoir achevé l'étape précédente, à savoir capter la totalité de la respiration, avant d'essayer de la calmer, tout comme vous devez d'abord capturer un cheval sauvage avant de pouvoir le dompter.

Le Soûtra donne donc l'instruction suivante :

Inspirer (je suis) en calmant le corps (du souffle),
  expirer en calmant le corps (du souffle).

La difficulté peut surgir ici parce que nous avons fait preuve d'une grande volonté pour accomplir l'étape précédente, alors que ce qui est maintenant requis est un lâcher prise doux et persistant. Cela peut être un acte d'équilibre délicat, et il peut être utile de baisser le souffle et de mettre à nouveau l'accent sur la relaxation du corps.

Le Soûtra continue ensuite :

Inspirer en étant conscient de la joie,
  expirer en étant conscient de la joie.

Inspirer en étant conscient du bonheur,
  expirer en étant conscient du bonheur.

Cela fait référence à l'émergence de la joie et du bonheur (piti et sukha en pali) lorsque la respiration se calme, comme la lumière dorée de l'aube qui émerge à l'horizon oriental. Vous développez maintenant une attention pleinement soutenue sur le "beau souffle" et seules des traces de pensée discursive subsistent. Lorsque vous pouvez rester avec cet objet avec aisance pendant un long moment et que vous ressentez une grande quantité de joie et de bonheur, l'esprit devient très concentré et vous êtes en mesure de passer à l'étape suivante.

L'étape suivante, selon le sutta, est la suivante :

Inspirer en étant conscient de l'esprit,
  expirer en étant conscient de l'esprit.

À ce stade, votre attention est si raffinée que la respiration semble disparaître complètement et est remplacée par un signe mental acquis plus subtil appelé nimitta. Le sens du toucher (sensation physique du souffle) est éteint et vous faites maintenant l'expérience du souffle comme un objet purement mental, perçu par exemple comme une lumière blanche, une perle bleue ou peut-être une sensation d'extase. C'est comme la pleine lune (l'esprit) qui sort de derrière les nuages (le monde des cinq sens). Cet objet subtil devient alors le centre de votre méditation et vous fait passer par les étapes supérieures de l'attention.

Ajahn Chah compare l'émergence de ce signe à un animal timide, qui ne s'approcherait de vous que si vous êtes absolument immobile. De même, si vous êtes absolument immobile, les nimittas sortent et ne restent que si vous continuez à être absolument immobile. Une autre comparaison est celle d'une pièce sombre, dans laquelle vous pouvez éventuellement voir des formes lorsque vos yeux s'habituent à l'obscurité. De la même manière, le nimitta émerge progressivement de l'immobilité sans forme une fois que le souffle a "disparu".

Les deux lignes suivantes du Soûtra nous indiquent ce qu'il faut faire si des formes subtiles torpeur et d'excitation apparaissent alors que vous êtes concentré sur le nimitta :

Inspirer en réjouissant l'esprit,
expirer en réjouissant l'esprit.

Inspirer en concentrant l'esprit,
expirer en concentrant l'esprit.

Il se peut que votre expérience du nimitta soit terne ou contaminée, peut-être parce que votre énergie mentale est faible. L'antidote est d'apporter plus de joie dans la méditation et de faire une expérience plus complète de cet objet mental. Vous pouvez vous concentrer plus intensément sur le centre du nimitta, aiguiser votre attention ou peut-être revenir à l'étape précédente, en vous concentrant sur une belle respiration. Vous pouvez également accroître votre joie en vous remémorant les Trois Joyaux ou en vous rappelant les bienfaits de vertus telles que l'amour bienveillant.

Si, en revanche, l'apparence du nimitta est instable, vous devez vous assurer que votre esprit est parfaitement immobile et concentré. Cela signifie qu'il faut non seulement garder l'image immobile, mais aussi le connaisseur immobile, cet aspect de l'esprit qui "voit" l'image. Lorsque le nimitta apparaît pour la première fois, vous pouvez éprouver de la peur ou de l'excitation, tout comme lorsque vous rencontrez un étranger pour la première fois. De la même manière que vous apprenez à vous détendre en compagnie de cet étranger au fur et à mesure que vous le connaissez, vous pouvez apprendre à relâcher un peu l'esprit et à rester présent avec le beau nimitta.

Il existe deux étapes attentionnelles qui correspondent à ces étapes de la méditation respiratoire :

Pacifier l'esprit

La torpeur subtile a été surmonté au cours de l'étape précédente (bien qu'il en reste des traces) et il y a maintenant un danger de trop revigorer l'esprit. Cela conduit à l'apparition d'une agitation ou d'une excitation subtile qui doit être apaisée. À ce stade, l'attention et la vigilance deviennent plus intenses, étant affinées par une attention ininterrompue, et l'excitation subtile est ainsi surmontée. Vous avez peut-être l'habitude de relâcher l'esprit chaque fois qu'une excitation subtile apparaît ; cela peut être nécessaire à certains moments, bien qu'à ce stade, vous deviez également accroître votre vigilance et resserrer l'esprit afin de la surmonter.

Au cours de la cinquième étape, l'ennui subtil est surmonté par le pouvoir de la vigilance inspirée, et maintenant, au cours de cette sixième étape, une faculté plus forte connue sous le nom de vigilance complète se développe. Cela vous permet de surmonter l'excitation subtile, même si elle n'est pas complètement éliminée. La qualité de l'attention devient ainsi comme un canal radio clair, sans aucun bruit étranger ou statique. À ce stade, vous n'éprouvez plus de résistance à la pratique de la méditation et vos séances peuvent durer une heure ou plus.

Pacification complète de l'esprit

Avec de l'inspiration et de la persévérance, la vigilance complète est encore développée, de sorte que les traces restantes de lourdeur subtile et d'excitation sont éliminées et disparaissent donc complètement. Vous êtes ainsi en mesure d'abandonner la lourdeur subtile et l'excitation dès qu'ils sont produits par la puissance de la diligence enthousiaste. De cette manière, dès que la lourdeur s'installe, vous éveillez votre attention, et lorsque l'excitation se produit, vous vous relâchez légèrement. Ces déséquilibres attentionnels sont ainsi rapidement reconnus et il est facile d'y remédier par des ajustements très subtils.

V. UNIFIER L'ESPRIT (COMME UN OCÉAN SANS VAGUES)

La pratique de la conscience de la respiration s'est maintenant déplacée vers la conscience d'un beau signe mental stable, ou nimitta. Ayant surmonté presque toute trace d'ennui et d'excitation, la méditation se déroule maintenant sans heurts et sans effort. Vous apprenez à faire entièrement confiance à votre expérience et restez absorbé par l'objet, en essayant de renoncer à tout contrôle alors que l'intense beauté du nimitta retient votre attention sans votre aide. Vous profitez simplement de la balade lorsque votre attention est attirée vers le centre ou que la lumière s'étend et vous enveloppe.

En poursuivant l'exemple de l'animal timide qui ne s'approche de vous que lorsque vous êtes immobile, vous remarquez que d'autres animaux sortent lorsque vous êtes encore plus immobile. Au début, seuls les animaux ordinaires sortent, mais maintenant des animaux étranges et merveilleux apparaissent. De même, d'autres nimittas apparaissent, qui vous amènent à des niveaux de méditation encore plus profonds. En particulier, un signe mental plus subtil connu sous le nom de signe de contrepartie (patibhaga nimitta) apparaît à un certain stade, comme s'il se détachait du signe acquis. Il est beaucoup plus purifié, bien qu'il n'ait ni couleur ni forme. L'apparition de ce signe correspond à l'atteinte de shamatha. Les étapes finales de la pratique de l'Anapanasati du Bouddha font référence à l'expérience de la méditation jhana et de vision profonde, qui sont abordées plus loin.

Cette description est équivalente aux deux derniers états attentionnels qui mènent directement à shamatha, le dixième stade :

L'unicité de pensée

À ce stade, vous développez une capacité spontanée spéciale à fixer l'objet d'une seule traite aussi longtemps que vous le souhaitez. Un petit effort est nécessaire au début de la méditation, puis vous pouvez suivre l'écoulement de chaque instant de la pratique sans interruption et sans autre effort. La lourdeur subtile et l'excitation sont donc éliminées avec un petit degré d'effort grâce à la puissance de la diligence enthousiaste. Dans cette huitième étape, vous atteignez un engagement ininterrompu, ce qui signifie que l'esprit peut se concentrer avec une absorption continue sur l'objet de la concentration. Ceci est en contraste avec les étapes précédentes qui sont toutes atteintes par un engagement interrompu.

À ce stade, vous pouvez maintenir une attention hautement concentrée pendant environ trois heures, et votre esprit est immobile comme un océan sans vagues, agité seulement par une ondulation occasionnelle.

L'équanimité

Au neuvième stade, on entre sans effort dans la méditation profonde et on y demeure. L'esprit se place sur l'objet de son propre chef, sans effort et spontanément. Ce résultat est obtenu grâce au pouvoir de la familiarité totale et de l'engagement spontané. L'esprit est maintenant parfaitement pacifié et l'apparition d'un trouble subtil et d'une excitation n'est même pas possible, et vous pouvez maintenir une concentration sans faille pendant au moins quatre heures. Cependant, si vous interrompez votre pratique, l'ennui et l'excitation peuvent encore éroder votre état d'équilibre attentionnel, car ils n'ont pas été complètement éliminés.

Atteindre ce neuvième état d'attention est le sommet du "royaume du désir", qui décrit l'état mental des êtres humains. Cela conduit naturellement à la réalisation de shamatha.

La réalisation de shamatha

Lorsque shamatha est effectivement atteint, il y a une transition radicale dans votre corps et votre esprit et vous vous sentez comme un papillon sortant de son cocon. À ce stade, votre esprit a dépassé le domaine du désir et vous avez désormais accès au domaine de la forme, une dimension subtile de la conscience qui transcende le domaine des sens physiques.

Ce changement est caractérisé par des expériences spécifiques qui se déroulent en un court laps de temps. Tout d'abord, un vent puissant entre par votre couronne et se dissout dans tout votre corps, et vous avez l'impression d'être rempli de la puissance d'une énergie dynamique bienheureuse. Votre corps et votre esprit sont maintenant imprégnés d'une sorte de souplesse spéciale, qui donne au corps une sensation de flottabilité et le libère de tout dysfonctionnement physique, et qui remplit l'esprit d'un sentiment écrasant de joie. Vous avez le sentiment d'une fraîcheur totale et d'une capacité mentale accrue - votre esprit est donc comme une lampe à huile que le vent n'agite pas, il reste lumineux et clair, imperturbable.

Une fois que vous avez atteint shamatha, vous pouvez entrer dans cet état à volonté et méditer aussi longtemps que vous le souhaitez sans interruption, et vous pouvez même survivre sans besoins fondamentaux tels que la nourriture, la boisson ou le sommeil. Pendant la méditation, votre attention est complètement retirée des sens physiques, des pensées discursives et des images mentales, bien que vous puissiez vous indiquer de sortir de la méditation après une période déterminée. Cependant, les tendances affligeantes ne sont pas complètement éradiquées et des émotions fortes peuvent encore faire surface dans certaines conditions. Si, en revanche, vous êtes capable de renoncer sincèrement aux préoccupations du monde et que vous souhaitez vous libérer de la souffrance, vous pouvez utiliser shamatha comme un outil permettant de comprendre directement la vérité de l'impermanence, de la souffrance et du désintéressement. Cela peut conduire à l'élimination complète de toutes les émotions et de tous les états mentaux affligeants, car lorsque vous réalisez que le "moi" n'existe pas, ces états d'esprit n'ont rien à quoi se raccrocher. C'est le nirvana.

VI. UN RÉSUMÉ DE LA VOIE SHAMATHA

Traditionnellement, les neuf états attentionnels menant à shamatha sont représentés par le dessin d'un éléphant, d'un singe et d'un moine, comme indiqué ci-dessous. Cinq symboles représentent les cinq objets des sens, les objets d'agitation de l'esprit. L'éléphant noir représente la grisaille mentale grossière, le singe noir représente l'agitation grossière et le moine symbolise le méditant.

Au début, le singe noir a le contrôle total de l'éléphant, ce qui signifie que vous êtes naturellement contrôlé par les distractions. Au début, le moine travaille très dur pour essayer de contrôler l'esprit et le feu symbolise l'effort considérable qui est nécessaire. Avec un effort persistant,

*Les 9 étapes progressives du développement mental : Les six pouvoirs de l'étude,
la contemplation, la mémoire, la compréhension, la diligence et la perfection.*

le moine commence progressivement à contrôler l'éléphant et, avec une grande discipline, vous commencez à surmonter l'agitation. L'éléphant devient plus blanc, ce qui signifie que la torpeur grossière est lentement éradiquée grâce à l'effort de méditation. Cependant, à ce stade, un petit lièvre noir apparaît au sommet de l'éléphant, ce qui signifie que la torpeur est subtile. En poursuivant assidûment la pratique de la méditation, vous arrivez au stade suivant, où le singe a perdu le contrôle de l'éléphant mais essaie encore de l'interrompre occasionnellement. Cela signifie que vous n'avez que des difficultés occasionnelles avec l'agitation et l'ennui mental.

Petit à petit, le singe interrompt de moins en moins et le moine contrôle de plus en plus l'éléphant. L'éléphant devient plus blanc jusqu'à ce qu'il soit complètement blanc. À ce stade, le singe ne peut plus du tout contrôler l'éléphant. Enfin, vous atteignez le stade où votre esprit a été complètement pacifié et où vous pouvez contrôler totalement votre esprit plutôt que d'être guidé par vos émotions. C'est ce que montre le moine qui médite alors que l'éléphant est complètement pacifié. Au-delà de ce stade, nous voyons le moine méditer assis sur l'éléphant. Nous voyons également deux lignes d'arc-en-ciel émergeant du cœur du moine, qui symbolisent le développement de pouvoirs surnaturels lors de la maîtrise de la méditation shamatha. Vous avez alors acquis la capacité de concentrer l'esprit en un seul point sur le développement de l'intuition, ou méditation vipashyana. Selon le type de voie que vous suivez, vous pouvez ensuite progresser à travers différentes étapes d'approfondissement de la vision jusqu'à ce que vous atteigniez finalement l'éveil.

Selon la tradition Theravada, l'accomplissement de shamatha en utilisant la respiration comme objet vous place au seuil de l'expérience des jhanas, des états de concentration encore plus brillants et puissants, qui mènent directement à l'intuition. Le Bouddha a résumé cette voie en déclarant que la pleine conscience de la respiration était "une chose qui, une fois développée et cultivée, accomplirait quatre choses" - les quatre fondements de la pleine conscience. Ces quatre fondements sont décrits comme "quatre choses qui, lorsqu'elles sont cultivées, accomplissent sept choses". Il s'agit des sept facteurs de l'éveil - la pleine conscience, l'investigation, la discrimination, l'énergie, la joie, la tranquillité, la concentration et l'équanimité. Ces sept facteurs ont donc été décrits comme "sept choses qui, lorsqu'elles sont développées et cultivées, permettent de réaliser deux choses" - la connaissance véritable et la libération.

Les textes indiquent qu'au moins six à douze mois de pratique à plein temps sont généralement nécessaires pour atteindre shamatha, mais cela varie considérablement d'un individu à l'autre. Dans la tradition Jonang du bouddhisme tibétain, on pratiquait dans une pièce sombre dans le but d'atteindre shamatha, et pour les meilleurs méditants, cela ne prenait que cent jours. Cependant, certains préalables sont généralement nécessaires pour s'engager dans cette pratique tantrique, car elle est assez avancée.

CHAPITRE 3

Les Obstacles À la Pratique de la Méditation

Il est essentiel de connaître les obstacles à la pratique de la méditation afin de comprendre l'état actuel de votre esprit et de découvrir comment surmonter les émotions et les états mentaux contre-productifs. Les obstacles qui apparaissent pendant la méditation sont les mêmes que ceux qui apparaissent dans la vie quotidienne, donc en apprenant à les surmonter, vous développez une compétence très utile. Prendre conscience de ces obstacles peut également vous aider à "partir de là où vous êtes" et à avoir des attentes plus réalistes vis-à-vis de votre pratique, en reconnaissant qu'il faut du temps pour changer certaines habitudes permanentes. À un niveau plus avancé, cela peut vous aider à identifier précisément quelle étape du chemin de la méditation vous avez atteint et comment poursuivre.

La tradition Theravada décrit cinq obstacles : le désir sensuel, la mauvaise volonté, l'agitation, le remords et l'incertitude (ou le doute). Chacun de ces obstacles peut être surmonté à l'aide de remèdes spécifiques, et ils sont complètement éliminés à certains stades avancés de la méditation. La tradition Mahayana, quant à elle, parle de cinq fautes dans la pratique de la méditation qui se produisent à des degrés divers au cours des neuf états d'attention, et celles-ci sont surmontées par l'application de huit antidotes correspondants. Je décrirai d'abord les cinq obstacles, puis j'expliquerai les cinq fautes, ainsi que leurs antidotes. Suivra une description de cinq méthodes permettant de supprimer les pensées distrayantes selon la tradition Theravada.

5 obstacles à la pratique de la méditation.

I. LES CINQ ENTRAVES

Les cinq obstacles sont progressivement affaiblis et finalement éliminés à mesure que vous progressez sur la voie de la méditation. Lorsque vous commencez à méditer et que vous découvrez à quel point votre esprit est en réalité bruyant, ils peuvent complètement dominer votre pratique. Cependant, à mesure que votre pratique progresse, ils s'atténuent progressivement et vous découvrez un esprit naturellement calme et clair.

Ces cinq entraves sont :

1. *Le désir sensuel*

On peut le comparer à une mare dans la forêt tranquille mélangé à de l'argile colorée. Si vous deviez examiner le reflet de votre visage dans cette mare d'eau, vous ne le reconnaîtriez pas et ne le verriez pas clairement. De même, en demeurant dans un esprit submergé par le désir sensuel et en ne sachant pas comment échapper à cet état d'esprit, vous ne voyez pas la réalité telle qu'elle est et vous êtes incapable de vous faire du bien à vous-même ou aux autres.

Le désir sensuel fait référence non seulement à la luxure incontrôlée, mais aussi à l'attachement aux objets des cinq sens - images, sons, odeurs, goûts et sensations tactiles attrayants. La clé pour surmonter cette entrave est de l'abandonner petit à petit. Vous pouvez d'abord apprendre à être attentif et réceptif aux objets des sens sans y réagir, et progressivement, vous serez moins enclin à être distrait ou "attiré" par ces objets dans la méditation et dans la vie quotidienne. Une personne ayant une grande quantité de désir sensuel peut également bénéficier de la méditation sur les aspects répugnants du corps. Il peut également être utile de prendre conscience que la plus grande forme de félicité ou d'extase, que nous poursuivons souvent dans le désir sensuel, ne peut être trouvée que lorsque nous lâchons tout désir, comme dans la méditation profonde.

2. *La mauvaise volonté*

Elle est comparée à une mare immobile dans la forêt qui est chauffée par le bas, bouillonnant et bouillant. Si vous deviez examiner le reflet de votre visage dans cette mare d'eau, vous ne le reconnaîtriez pas et ne le verriez pas clairement. De même, en demeurant dans un esprit obsédé par la mauvaise volonté, vous ne voyez pas la réalité telle qu'elle est et êtes incapable de vous faire du bien à vous-même ou aux autres.

Le remède à la mauvaise volonté consiste à méditer sur l'amour bienveillant ou metta. La mauvaise volonté peut être dirigée vers soi-même, vers une autre personne ou vers l'objet de la méditation. La mauvaise volonté envers soi-même est souvent liée à des sentiments de culpabilité, à des attentes déraisonnables envers soi-même ou au fait d'avoir grandi dans un environnement dépourvu d'amour compatissant. Il peut être utile de diriger sa bienveillance vers l'image d'un jeune enfant innocent qui représente la pureté de votre vraie nature. Vous pouvez contrer la mauvaise volonté envers les autres de la même manière, en vous rappelant que tout le monde recherche le bonheur, tout comme vous, et en élargissant votre cercle de metta pour inclure ceux qui sont à la fois proches et éloignés. La méditation peut sembler une corvée si vous avez de la mauvaise volonté envers votre objet, il peut donc être utile de le considérer comme un ami cher, en apprenant à l'aimer et à l'apprécier comme vous le feriez pour votre enfant unique.

3. *La torpeur et la somnolence*

On peut comparer cette situation à une mare dans la forêt silencieuse recouverte de mousse, d'algues et de boue. Si vous deviez examiner le reflet de votre visage dans ce bassin d'eau, vous ne le reconnaîtriez pas et ne le verriez pas clairement. De la même manière, si vous restez dans la torpeur et la somnolence, vous ne voyez pas la réalité telle qu'elle est et vous êtes incapable de vous faire du bien à vous-même ou aux autres.

La clé pour surmonter la torpeur est d'abord de faire la paix avec elle et de cesser de la combattre - sinon l'esprit a tendance à osciller entre torpeur et agitation. Si vous êtes dans un état de relaxation et que vous commencez à glisser vers la torpeur, il est important de resserrer l'esprit, en renforçant votre vigilance comme si vous marchiez au bord d'une falaise. Vous pouvez également réfléchir à la précieuse opportunité que vous avez de développer votre esprit par la pratique de la méditation ou d'autres sujets d'inspiration. Toutefois, si vous vous sentez toujours fatigué, il est préférable de vous reposer plutôt que de forcer la méditation. Parfois, l'ennui n'est pas le problème mais plutôt la mauvaise volonté, car nous avons tendance à nous échapper dans l'ennui si nous n'aimons pas ce que nous faisons.

4. *L'agitation et le remords*

On peut comparer cette situation à une mare dans la forêt tranquille agité par le vent, qui ondule, tourbillonne et se transforme en petites vagues. Si vous deviez examiner le reflet de votre visage dans cette flaque d'eau, vous ne le reconnaîtriez pas et ne le verriez pas clairement. De même, en demeurant dans un esprit obsédé par l'agitation et le remords, vous ne voyez pas la réalité telle qu'elle est et êtes incapable de vous faire du bien à vous-même ou aux autres.

L'agitation est surmontée en cultivant un sentiment intérieur de contentement, libre de toute attente et heureux d'être immobile et silencieux. Il peut également être utile de relâcher la méditation et de s'assurer que le corps est détendu. Les remords sont liés à un malaise de la conscience, et si c'est le cas, on peut les contrer en se pardonnant et en apprenant de ses erreurs, sachant que tout le monde fait des erreurs. D'autres remèdes pour un état d'esprit agité sont décrits plus loin.

5. *Incertitude ou doute*

Cet obstacle survient lorsque vous êtes en proie à l'indécision, incapable de décider d'un plan d'action et de le mener à bien. Il fait référence à l'incertitude concernant les enseignements du Bouddha, l'enseignant ou vous-même. Elle est comparée à une mare dans la forêt calme, mais trouble, instable et boueux. Encore une fois, si vous deviez examiner le reflet de votre visage dans cette mare d'eau, vous ne le reconnaîtriez pas ou ne le verriez pas clairement. De même, en demeurant dans un esprit submergé par l'incertitude, vous ne parvenez pas à voir la réalité telle qu'elle est et êtes incapable de vous faire du bien à vous-même ou aux autres.

L'incertitude concernant les enseignements du Bouddha peut être surmontée en les examinant et en réfléchissant aux avantages de les suivre. En les étudiant et en les pratiquant, et en cherchant à être encouragé par des amis spirituels, vous pouvez acquérir une clarté d'esprit et une foi fondées sur la raison et l'expérience directe. L'incertitude concernant l'enseignant, quant à elle, est surmontée en l'examinant soigneusement avant de conclure qu'il est digne de confiance. Le doute de soi, quant à lui, peut être surmonté avec de la détermination et des conseils habiles ; vous devez cependant savoir qu'il coexiste souvent avec d'autres obstacles tels que l'ennui ou la mauvaise volonté envers soi-même.

Et si, par la pratique, vous parveniez à surmonter ces obstacles ? On peut comparer cela à une mare de forêt tranquille qui n'est pas mélangé à de l'argile colorée, qui ne bouillonne pas, qui n'est pas recouverte de mousse et de boue, qui n'est pas agitée par le vent et qui n'est pas turbulente et boueuse, mais plutôt claire, sereine et tranquille ; alors si vous deviez examiner le reflet de votre visage dans ce bassin d'eau, vous le reconnaîtriez clairement et le verriez tel qu'il est. De même, lorsque vous atteignez un état d'esprit qui n'est plus obsédé par le désir sensuel, la mauvaise volonté, l'ennui et la somnolence, l'agitation et le remords ou l'incertitude, vous verrez la réalité telle qu'elle est et accomplirez votre propre bien et celui des autres.

II. LES CINQ FAUTES ET LES HUIT ANTIDOTES

Les cinq fautes et les huit antidotes nous fournissent un cadre efficace pour reconnaître et surmonter les obstacles qui entravent notre capacité à méditer. Ils décrivent les différents obstacles à une méditation réussie qui apparaissent au fur et à mesure que l'on progresse dans les neuf états attentionnels menant à shamatha. La connaissance de ces fautes et de leurs antidotes peut vous aider à les traiter aussi rapidement et efficacement que possible, non seulement pendant la méditation mais aussi dans la vie quotidienne.

Les cinq fautes sont : la paresse, l'ignorance ou l'oubli des instructions, la torpeur et l'agitation mentale, la sous-application et l'application excessive. Les huit antidotes, quant à eux, sont : l'aspiration, la foi, la diligence, la souplesse mentale, la conscience, la pleine conscience, l'application des remèdes et l'équanimité. Les cinq fautes, ainsi que leurs antidotes correspondants, sont maintenant décrites :

1. La paresse (antidote : aspiration, foi, diligence et souplesse mentale)

La paresse est un obstacle majeur à votre pratique de la méditation et aussi à la réalisation d'autres objectifs. La paresse ne consiste pas seulement à traîner et à ne rien faire. Il existe trois types de paresse :

1.1 La complaisance
Elle se manifeste par le fait de ne pas vouloir méditer ou de ne pas vouloir pratiquer, par un manque de désir ou un désintérêt pour la méditation.

1.2 Le manque de confiance en soi

Il s'agit d'un manque de confiance en soi dans sa capacité à méditer et à atteindre shamatha ou toute autre réalisation.

1.3 Être habituellement occupé

Cela signifie que vous vous occupez de nombreuses tâches inutiles, ce que l'on appelle aussi la paresse active.

Il est essentiel d'être conscient de ces tendances. La paresse peut être vaincue en développant la foi dans les excellentes qualités de la concentration méditative et l'aspiration à atteindre ces qualités. Ce n'est qu'alors que nous apprécierons suffisamment la pratique de la méditation pour en faire une priorité dans notre vie. Cette foi et cette aspiration nous incitent à développer la diligence et l'effort joyeux, qui finissent par apporter à l'esprit une souplesse bienheureuse et une aisance alerte. Grâce au pouvoir de la familiarité, vous atteindrez la souplesse mentale et physique, une flexibilité unique du corps et de l'esprit.

Si vous vous découragez parce que vous n'avez pas l'impression de progresser, il peut être utile de reconnaître les efforts incroyables que nous déployons dans d'autres domaines de notre vie, tels que l'éducation des enfants ou l'apprentissage d'un métier - il faut souvent de nombreuses années pour les maîtriser. Si nous considérons vraiment les avantages de la méditation, nous pouvons arriver à la conclusion qu'il vaut la peine de consacrer une quantité d'efforts similaires à la tâche de développer notre propre esprit.

2. Ne pas connaître ou oublier les instructions (antidote : la pleine conscience)

Cela signifie que votre objet de méditation ou d'autres instructions n'ont pas été appris ou ont été oubliés, de sorte que l'esprit s'égare fréquemment vers d'autres objets. Le fait de changer trop souvent d'objet de méditation, surtout au cours d'une même séance, constitue également un obstacle à la concentration en un seul point. Le remède à ce problème est la pleine conscience, qui permet de retenir l'objet de la méditation et empêche d'oublier les instructions. La pleine conscience consiste à se souvenir des instructions de méditation et à engager l'esprit de manière à ce qu'il devienne "plein" de l'objet.

En même temps que vous êtes attentif, vous pouvez également commencer à développer la vigilance. Il s'agit d'observer l'esprit de méditation lui-même et de détecter quand l'esprit s'éloigne de l'objet, même de manière subtile, afin d'appliquer le remède approprié. C'est comme un commentateur qui ne participe pas à ce qui se passe, mais qui n'y prend pas part.

3. Abattement mental et agitation (antidote : vigilance)

3.1. Agitation grossière :

Pendant les premiers stades de la méditation, l'esprit est agité et vagabonde fréquemment vers les objets extérieurs. Cette agitation se produit lorsque votre concentration est maintenue trop fermement ou qu'il y a beaucoup de tension dans votre corps, qui n'est pas suffisamment détendu. Lorsque l'esprit distrait s'écarte complètement de son objet de concentration, il est généralement assez facile de le détecter. Au début, cependant, l'esprit non entraîné peut mettre des minutes à remarquer que l'objet a été perdu. L'agitation grossière est comparée au mouvement d'un nuage, qui est facile à reconnaître lorsqu'il se produit. L'application du remède n'est généralement pas trop difficile à ce stade.

Remède

Il existe différents remèdes adaptés à chaque individu. Vous pouvez abaisser l'objet, l'imaginer plus lourd, placer votre langue contre vos dents du fond, fermer les yeux pendant un moment ou vous concentrer sur les sensations corporelles et faire en sorte que tout le corps se détende. Si l'esprit est trop stimulé et a besoin d'être apaisé et maîtrisé, il peut également être utile de méditer sur un sujet qui donne à réfléchir, comme la nature souffrante de l'existence cyclique ou l'imminence de la mort. Une autre technique pour calmer l'esprit consiste à visualiser un point noir près de votre siège. Si vous êtes très agité, l'exercice physique vous fatiguera et fera en sorte que l'esprit vagabonde moins, tout comme un régime lourd et gras. Au début, il est très difficile de détecter les pensées vagabondes, mais avec le temps et la pratique, cette prise de conscience devient naturelle.

3.2 La torpeur grossière

Cela se produit lorsque l'esprit est trouble ou somnolent et qu'il n'y a pas de clarté, car l'esprit est excessivement replié sur lui-même et sur le point de s'endormir. Ici, la clarté fait référence à un état d'esprit clair, frais et lumineux et non à l'objet de la méditation.

Remède

Vous pouvez éclaircir ou élever l'objet de méditation en levant légèrement les yeux ou en prêtant une attention plus soutenue à ses détails, comme si vous tombiez du bord d'une falaise si vous perdiez l'objet. Vous pouvez également élever l'esprit en vous remémorant quelque chose de sain ou d'inspirant, comme les qualités des Trois Joyaux, ou en vous rendant dans un endroit élevé offrant une vaste vue. Une autre technique pour éclairer l'esprit consiste à imaginer une lumière blanche sur votre front, entre vos yeux. Le fait de rester dans un endroit frais et aéré stimule également l'esprit, tout comme le fait de s'asperger le visage d'eau, de faire de l'exercice en plein air et de suivre un régime léger.

Il faut toutefois veiller à distinguer la fatigue due à la paresse ou à un sommeil excessif de la fatigue due à un réel besoin de repos. Il est également utile de savoir que la mauvaise volonté se manifeste parfois par de la fatigue. Si vous avez vraiment besoin de repos, vous continuerez à vous sentir fatigué malgré l'application des remèdes ci-dessus. Dans ce cas, il est important de se reposer, car il peut être contre-productif de trop forcer.

3.3 Agitation subtile

Plus difficile à reconnaître, elle se produit lorsqu'une partie de l'esprit est confortablement posée sur l'objet de la méditation alors qu'une autre partie s'est égarée vers un autre objet sans que vous vous en rendiez compte. On peut comparer ce phénomène à un singe qui se déplace rapidement, ce qui est beaucoup plus difficile à détecter.

Remédier à

Pour remédier à l'agitation subtile, vous devez développer une vigilance particulièrement forte et puissante. Celle-ci ne peut être obtenue par des moyens intellectuels, mais uniquement par l'expérience et la pratique. Grâce à l'élan acquis par une pratique répétée, votre esprit finira par être capable d'identifier l'agitation subtile dès qu'elle se manifeste et de revenir rapidement à l'objet.

3.4 La torpeur subtila (affaissement)

Les débutants ne reconnaissent généralement pas le défaut de la torpeur subtile, ou de l'affaissement, car ils sont généralement trop agités. Il n'est reconnu que lorsqu'un méditant est plus avancé et qu'il est capable de se concentrer sur l'objet avec un certain degré de stabilité, généralement au cours du cinquième état attentionnel. La grisaille subtile se produit lorsqu'il y a fixation et une certaine clarté mais pas d'intensité - cela signifie que la vitalité ou la force avec laquelle l'objet est maintenu est faible. Cette situation est beaucoup plus difficile à détecter et à éliminer. En fait, de nombreux méditants restent bloqués ici, en ayant l'impression que leur méditation se déroule très bien. C'est un piège courant.

Remède

Le remède à l'enfoncement subtil est de développer une intensité particulièrement forte, puissante et vive, qui ne peut être développée qu'avec une discipline incroyable. Ce n'est pas quelque chose qui peut être décrit intellectuellement, mais seulement expérimenté par des praticiens qualifiés.

Il peut également être utile de rafraîchir l'esprit en réfléchissant à un sujet qui vous inspire, comme la gratitude envers votre professeur du Dharma, les avantages d'une précieuse naissance humaine ou l'aspiration à atteindre l'éveil. Ces pensées exaltent et élèvent l'esprit.

4. Sous-application (antidote : application des remèdes)

Cela signifie ne pas prendre suffisamment de mesures pour corriger la torpeur, l'agitation ou la paresse lorsqu'ils se présentent. Vous ne parvenez pas à appliquer le remède, souvent parce que vous êtes trop léthargique ou complaisant. Le remède consiste ici à agir et à appliquer l'antidote approprié. Parfois, il peut être utile d'interrompre la méditation en marchant un moment, en étirant le corps, en s'aspergeant le visage d'eau fraîche ou en prenant l'air. En revenant à votre place, vous aurez peut-être plus de facilité à reprendre votre méditation. Cela peut aussi aider à se rappeler les nombreux avantages de la pratique de la méditation.

5. *Application excessive (antidote : équanimité)*

Il s'agit de l'erreur consistant à appliquer des remèdes lorsqu'ils ne sont pas nécessaires, ou à les appliquer de manière excessive. Par exemple, lorsque l'enfoncement et l'agitation ont été reconnus et corrigés, mais que vous continuez malgré tout à appliquer d'autres mesures correctives. L'antidote à ce problème est d'appliquer "équanimité". En d'autres termes, laissez faire.

Si vous mémorisez ces cinq défauts et ces huit antidotes, votre méditation ne sera plus une affaire de hasard, mais plutôt un processus dynamique dont vous tirerez certainement profit. Afin de vous entraîner à reconnaître ces défauts et à appliquer les antidotes, il peut être utile, au début, d'alterner délibérément entre relâchement et affinement de l'esprit. Par exemple, vous pouvez prendre plusieurs respirations profondes en disant "relax" à l'expiration, en relâchant votre posture, en plaçant la langue sous les dents du bas ou en visualisant un point noir sur votre périnée, suivies de plusieurs respirations en disant "alerte" à l'expiration, en resserrant votre posture, en plaçant la langue derrière les dents du haut ou en visualisant un point blanc sur votre front. Au fur et à mesure que vous progresserez, vos ajustements deviendront moins fréquents et de plus en plus subtils, car vous apprendrez à reconnaître rapidement la torpeur et l'agitation et à développer progressivement les compétences de la pleine conscience et de la vigilance.

III. CINQ FAÇONS D'ÉLIMINER LES PENSÉES DISTRAYANTES

La tradition Theravada décrit cinq façons d'éliminer les pensées perturbatrices, qui sont des remèdes supplémentaires aux obstacles à la pratique de la méditation. Il s'agit d'instructions très pratiques qui peuvent vous aider à surmonter les pensées intrusives et à calmer l'esprit, et qui sont pertinentes non seulement pour votre pratique de la méditation mais aussi pour la vie quotidienne. Les derniers remèdes sont généralement efficaces si les précédents ont échoué. Il est intéressant de noter que ces techniques englobent également un grand nombre de celles qui sont utilisées en psychologie moderne.

Ces cinq instructions sont :

1. *Prêter attention aux états d'esprit sains*

Si des pensées malsaines liées au désir, à la haine et à l'illusion surgissent, et que vous portez votre attention sur d'autres pensées qui sont saines, alors les pensées malsaines s'apaisent et sont finalement abandonnées et l'esprit devient stable, unifié et concentré. Ce phénomène est comparable à celui d'un charpentier habile qui arrache et extrait une mauvaise cheville à l'aide d'une bonne cheville.

Deux processus mentaux opposés ne peuvent avoir lieu simultanément, tout comme le feu et l'eau ne peuvent exister en même temps. Par exemple, vous ne pouvez pas ressentir l'amour et la haine au même instant, et par conséquent, vous concentrer sur la bonté aimante vous aidera à surmonter la haine.

2. *Réfléchir aux dangers des pensées distrayantes*

Si des pensées malsaines surgissent encore, vous devriez examiner les dangers ou les inconvénients de ces pensées, en pensant : "Elles sont malsaines, répréhensibles et n'entraînent que de la souffrance pour moi et les autres". Ce faisant, toutes les pensées malsaines s'atténuent et sont finalement abandonnées. On peut comparer cela à une femme qui aime les bijoux et qui est dégoûtée, choquée et humiliée si elle voit la carcasse d'un serpent ou d'un chien accrochée au cou de quelqu'un.

Le Bouddha a utilisé de nombreux exemples pour souligner les dangers de s'accrocher aux pensées et aux sentiments. Il les a comparés à des herbes ou des roseaux au bord d'une rivière - bien que vous pensiez pouvoir vous y accrocher et atteindre le rivage, ils se brisent et vous emportent plus loin dans la rivière. En Occident, la tradition de la thérapie cognitive nous incite à réfléchir aux dangers d'un mode de pensée particulier et à analyser comment nous pourrions envisager les choses de manière plus réaliste.

3. *Ne pas prêter attention aux pensées distrayantes*

Si des pensées malsaines surgissent encore, vous devez essayer d'oublier ces pensées et de ne pas y prêter attention, et ce faisant, elles s'atténuent et sont finalement abandonnées. On peut comparer cela à quelqu'un qui a de bons yeux et qui ne veut pas voir les formes qui passent à sa portée, et qui ferme donc les yeux ou détourne le regard. Cela signifie que nous pouvons nous entraîner à ne pas nous laisser emporter ou fusionner avec des pensées et des sentiments douloureux. Cela ne signifie pas que vous les évitez, mais plutôt qu'ils sont toujours là, à la périphérie de votre conscience, mais que vous refusez de les accepter ou de les laisser affecter votre façon de vivre. En Occident, la tradition de la *thérapie d'acceptation et d'engagement* (ACT) propose une variété de "techniques de défusion" pour réduire l'impact des pensées distrayantes.

4. *Calmer les formations de pensées*

Si des pensées malsaines surgissent encore, vous devez vous efforcer de calmer la formation de ces pensées. Ce faisant, toutes les pensées malsaines s'apaisent et sont finalement abandonnées. On peut comparer cela à un homme qui marche vite et qui se dit : "Pourquoi est-ce que je marche vite ? Et si je marchais lentement ?" et décide de marcher lentement. Ensuite, il pourrait se dire : "Pourquoi est-ce que je marche lentement ? Et si je restais debout?" et il se stopperait debout. Puis il pourrait se demander : "Pourquoi suis-je debout ?

Et si je m'asseyais ?" et il s'assiérait. Enfin, il pourrait se demander : "Pourquoi suis-je assis ? Et si je m'allongeais ?" et il s'allongerait. Ce faisant, il abandonne les postures les plus grossières au profit de postures plus subtiles. De même, en s'attachant à calmer les formations de pensées, les pensées malsaines s'atténuent et sont finalement abandonnées.

En Occident, il existe de nombreuses techniques basées sur la pleine conscience et la conscience détendue, qui aident les gens à acquérir un esprit plus calme, moins affecté par les pensées distrayantes.

5. *Écraser l'esprit avec l'esprit*

Si des pensées et des émotions malsaines continuent de surgir, l'étape finale consiste à battre et à "écraser" l'esprit avec l'esprit, les dents serrées et la langue pressée contre le palais. C'est comme si un homme fort saisissait un homme plus faible par la tête et les épaules et le battait, le contraignait et l'écrasait. De cette façon, les pensées malsaines s'apaisent et sont finalement abandonnées.

Cette technique rappelle l'approche tantrique du travail sur les émotions fortes. Tout comme un médecin compétent est capable de transformer un poison en médicament, nous pouvons apprendre à reconnaître simplement l'énergie brute des émotions sans leur attacher une histoire, sans les réprimer ou les suivre de manière impulsive. Par exemple, au lieu de laisser la colère vous entraîner vers la honte ou l'action violente, vous pouvez reconnaître l'intense clarté et la profonde bienveillance qui la sous-tendent. Vous pouvez rester avec ce sentiment jusqu'à ce qu'il se dissolve, tout comme un surfeur sur une vague. En Occident, il existe des techniques similaires pour accepter ou "libérer" les émotions fortes, plutôt que de les éviter ou de les accepter.

Ces cinq méthodes pour éliminer les pensées distrayantes offrent une nouvelle perspective sur la façon de surmonter les obstacles à la pratique de la méditation, ainsi que sur la façon de surmonter les états de conflit émotionnel dans la vie quotidienne. Se familiariser avec ces techniques peut aider considérablement votre pratique de la méditation, en particulier lorsque des émotions fortes font surface.

CHAPITRE 4

La Méditation Analytique

I. QU'EST-CE QUE LA MÉDITATION ANALYTIQUE ?

Alors que shamatha met l'accent sur le calme, l'unification et la concentration de l'esprit, le but de la méditation analytique, ou vipashyana, est de réveiller l'esprit en examinant la nature de notre expérience. Construit sur la base d'un esprit calme, ce processus vous permet de rassembler les nombreux concepts différents de la philosophie bouddhiste en une seule compréhension unifiée. De cette façon, l'étude approfondie de ces sujets et l'acquisition d'une compréhension conceptuelle permettent de jeter les bases d'une vision non conceptuelle ou directe. Vous pouvez alors voir directement les quatre nobles vérités et les quatre sceaux. L'impermanence, la souffrance et le désintéressement sont alors en vous, ils font partie de votre expérience.

Il existe de nombreux niveaux d'introspection différents, et chaque niveau peut être bénéfique pour aider à obtenir une vision plus réaliste et plus compatissante de la réalité. Cependant, seul le niveau le plus élevé conduira à l'éradication complète de nos émotions et états mentaux affligeants. Pour y parvenir, vous devez avoir atteint un niveau de concentration extrêmement raffiné - au moins shamatha. Bien que la concentration momentanée puisse vous donner de brefs aperçus ou des "expériences flash" de vision directe, en particulier si vous suivez une voie dévotionnelle, elle ne suffira pas à surmonter les afflictions si elle ne s'accompagne pas d'un esprit fort et stable.

Cette affirmation est soutenue par le grand maître Mahayana Shantideva:

Réalisant que celui qui est bien doté de vipashyana par le biais de shamatha éradique les afflictions mentales, on devrait d'abord rechercher shamatha.

De même, Asanga déclare que dès que shamatha est atteint, il faut concentrer son attention sur l'esprit, en un seul point. La tradition Theravada s'accorde sur le fait que la condition minimale pour une véritable vision (également connue sous le nom d'entrée dans le courant) est l'esprit de shamatha, car cet esprit est temporairement libre de toute entrave. Une plus grande pénétration, cependant, peut être atteinte avec les états de concentration encore plus raffinés des jhanas.

Cela ne signifie pas pour autant que vous devez "reporter" la méditation analytique après avoir atteint shamatha. Tout d'abord, il est essentiel de développer une bonne compréhension conceptuelle des principes bouddhistes fondamentaux ("vue juste") tels que les quatre nobles vérités, les deux vérités et le fondement, le chemin et le résultat, avant de s'engager sur le chemin - cela vous donne une carte claire de la façon dont vous pouvez arriver à votre destination. Deuxièmement, il est utile de réfléchir continuellement à votre motivation à pratiquer la voie ("intention juste") et de la renforcer, en contemplant des sujets tels que l'impermanence et la bonté aimante - cette intention est ce qui détermine le résultat de votre pratique. Troisièmement, une compréhension de base de la sagesse bouddhiste peut être d'une grande utilité pratique dans votre vie quotidienne - elle peut vous aider à devenir moins réactif, plus sage et plus proche des autres.

Le processus de la méditation analytique, quel que soit le niveau auquel vous vous engagez, fait appel à ce que l'on appelle les trois outils de la sagesse: d'abord, vous entendez ou lisez un enseignement particulier, ensuite, vous l'étudiez et le contemplez, et enfin, vous vous reposez avec conviction sur sa signification dans une concentration en un seul point, faisant ainsi "partie de vous-même". Cette dernière étape est ce que nous entendons en fait par méditation, car vous avez déjà appris et contemplé sa signification, et maintenant vous méditez pour la rendre stable dans votre esprit. Vous suivez donc un processus graduel, établissant d'abord la sagesse par l'écoute, puis la sagesse par la contemplation, ce qui conduit finalement à la sagesse par la méditation.

Je décrirai d'abord une méthode efficace pour analyser n'importe quel sujet de notre choix, puis j'explorerai comment nous pouvons utiliser la médiation analytique pour comprendre une variété de sujets présentés dans ce livre, traitant à la fois de la vérité relative et de la vérité ultime.

II. LE PROCESSUS DE LA MÉDITATION ANALYTIQUE

Pour transformer un sujet particulier en objet de méditation, vous devez d'abord le formuler sous la forme d'une question (par exemple, "Le moi existe-t-il dans mon corps ?"), puis diriger l'esprit pour examiner comment cette question s'applique à vous-même, à la lumière de tous les enseignements que vous avez étudiés. Vous devriez continuer ainsi jusqu'à ce qu'un sentiment de certitude et de clarté apparaisse (par exemple, que mon esprit a simplement l'habitude de s'identifier au corps à certaines occasions, mais qu'il n'y a pas de "soi" du tout !) Ensuite, vous pouvez laisser tomber l'analyse et vous reposer dans ce sentiment de certitude aussi longtemps qu'il dure, en restant dans un état d'esprit plus réceptif.

Des pensées discursives surgiront inévitablement et vous pouvez vous en servir comme d'un signal pour recommencer l'analyse, soit sur le même sujet, soit sur un sujet différent, en utilisant vos pensées de manière contrôlée. Lorsque vous éprouvez à nouveau un sentiment de certitude et de conviction, vous vous reposez à nouveau, comme précédemment. De cette façon, vous pouvez alterner entre l'analyse et la méditation tranquille, en approfondissant et en affinant progressivement votre compréhension afin d'être prêt à faire l'expérience de la réalité non conceptuelle de la vacuité.

Jamgon Kongtrul donne quelques directives utiles sur la façon d'alterner entre la méditation analytique et la méditation contemplative dans son Trésor de la connaissance :

Si, en raison d'une analyse intense, la capacité à rester tranquille se détériore,
    Faites plus de méditation calme et reconstituez la tranquillité.

Si, en raison d'un repos prolongé, vous ne voulez plus analyser,
    Faites de la méditation analytique pour renforcer la clarté de l'esprit.

Ainsi, si vous trouvez que l'esprit s'agite en pratiquant la méditation analytique, vous devriez lui permettre de se calmer à nouveau en relaxant le corps et en pratiquant la méditation à point unique pendant un moment. D'autre part, si votre méditation de repos conduit à l'ennui, vous pouvez augmenter votre clarté mentale en reprenant votre analyse. En outre, lorsque vous vous habituez à alterner analyse et repos, vous finissez par atteindre un stade où l'analyse n'est plus aussi nécessaire pour donner naissance à la certitude. Il est donc important de mettre l'accent sur l'analyse au début de la pratique, puis de passer rapidement à la méditation de repos une fois que vous êtes plus accompli.

Jamgon Kongtrul

III. LA MÉDITATION ANALYTIQUE ET LES DEUX VÉRITÉS

En utilisant l'outil de la méditation analytique, vous pouvez contempler n'importe quel sujet sur lequel vous choisissez de diriger votre esprit. La voie bouddhiste est structurée de telle sorte qu'elle nous encourage à considérer la vérité relative et la vérité ultime comme étant d'égale importance, et vous devez donc les contempler toutes les deux, sans en négliger une au détriment de l'autre. La "vérité relative" est liée à la façon dont nous percevons la réalité quotidienne, tandis que la "vérité ultime" est la véritable nature de cette expérience. Ce sont comme les deux ailes d'un oiseau, et l'une ne peut être pleinement développée sans l'autre. Au début, vous devriez mettre l'accent sur la contemplation au niveau de la vérité relative, car c'est le plus pertinent pour votre expérience, tandis que plus tard, vous pourrez mettre davantage l'accent sur la vérité ultime. L'éveil est donc le moment où vous découvrez qu'en réalité, il n'y a pas de séparation entre la vérité relative et la vérité ultime.

1. La vérité relative

Il est essentiel d'acquérir une compréhension au niveau de la vérité relative si vous souhaitez atteindre l'éveil, car c'est ce qui détermine votre force de motivation ainsi que votre façon d'agir dans le monde. En particulier, vous ne pouvez pas atteindre le renoncement sans contempler profondément des sujets tels que l'impermanence, la souffrance, le karma, la préciosité de la vie humaine et les avantages de la libération et de la prise de refuge. Si vous visez l'éveil complète, il est essentiel de contempler et de développer la bodhicitta, le souhait compatissant de conduire tous les êtres à la libération, sachant que vous ne pouvez réaliser ce souhait qu'en dévoilant votre propre nature de bouddha. En outre, si vous suivez une voie tantrique, il est crucial de comprendre l'importance suprême du maître du dharma et de contempler la signification de la dévotion et de la perception pure, qui est un préliminaire essentiel à toute pratique tantrique.

Une contemplation très utile pour tous porte sur le sujet de l'amour bienveillant ou metta. Grâce à cette contemplation, vous pouvez acquérir la conviction que tous les êtres sont également dignes d'amour et de compassion, tout comme vous. Un exemple d'une telle contemplation figure dans le Metta Soûtra :

Que tous les êtres soient heureux et apaisés; que leurs esprits soient satisfaits. Quels que soient les êtres vivants - faibles ou forts, longs (ou grands), robustes, moyens ou courts, petits ou grands, visibles ou invisibles, habitant loin ou près, nés ou à naître - que tous les êtres, sans exception, soient heureux et apaisés !

Que personne ne dupe l'autre ni ne méprise qui que ce soit en quelque lieu que ce soit. Dans la colère ou la mauvaise volonté, que personne ne souhaite de mal à autrui. De même qu'une mère protège son enfant unique au péril de sa vie, de même, cultivons un cœur sans limite envers tous les êtres. Que nos pensées d'amour illimité envahissent le monde entier - en haut, en bas et à travers - sans aucune obstruction, sans aucune haine, sans aucune inimitié.

Une contemplation similaire basée sur la tradition tibétaine est la suivante :

Commencez par reconnaître que tous les êtres, tout comme vous, sont à la recherche du bonheur et de ses causes. Pensez à quelqu'un qui vous est proche, à une personne neutre et à quelqu'un que vous pouvez considérer comme un ennemi, et pensez à la façon dont ils recherchent tous également le bonheur et veulent éviter la souffrance. Concentrez-vous ensuite sur la personne dont vous êtes proche, en vous souvenant de sa gentillesse à votre égard et en pensant : J'aimerais qu'elle soit heureuse... si seulement elle pouvait l'être ! Pensez ensuite à la personne neutre : Je voudrais qu'elle soit heureuse... si seulement elle pouvait l'être ! Pensez ensuite à votre ennemi ou à quelqu'un contre qui vous avez une dent : Je voudrais qu'elle soit heureuse... si seulement elle pouvait l'être ! Vous pouvez également penser à un jeune enfant qui vous symbolise - innocent, pur et digne de tout l'amour compatissant du monde : J'aimerais qu'ils soient heureux... si seulement ils pouvaient être heureux !

Vous pouvez ensuite inclure d'autres personnes dans votre contemplation de la même manière que vous ajouteriez des entrées à une feuille de calcul informatique, en étendant votre amour bienveillant à votre famille, à vos voisins, à votre environnement immédiat, à votre pays et finalement au monde entier, en embrassant tous les êtres vivants sans exception. Vous pouvez également combiner cela avec la visualisation d'une lumière rouge ou rose émergeant d'une rose au centre de votre cœur et remplissant tout votre corps. Vous pouvez ensuite étendre cette lumière vers l'extérieur pour embrasser votre environnement, en touchant tous les êtres vivants avec la lumière et la chaleur de l'amour bienveillant.

2. La vérité ultime

L'analyse profonde de la vérité ultime est le deuxième aspect vital de la voie bouddhiste, car une compréhension conceptuelle correcte de la vacuité ou du désintéressement vous assurera de ne jamais vous écarter du bon chemin. Au fur et à mesure que vous progressez sur le chemin, votre expérience commence à correspondre à cette compréhension, et finalement vous pouvez vous débarrasser de votre "compréhension conceptuelle" de la même manière que nous laissons un radeau sur la berge une fois que nous avons atteint l'autre rive d'une rivière.

D'un point de vue theravada, il existe une variété d'approches ou de "portes" pour comprendre la vérité ultime ("vue juste"), mais l'essence de toutes les approches est constituée par *les trois marques de l'existence* : l'impermanence (*anicca*), la souffrance (*dukkha*) et l'absence de soi (*anatman*). Par exemple, les cinq agrégats qui composent notre corps et notre esprit - forme, sensation, perception et mémoire, formation de la pensée et conscience - sont considérés comme impermanents, incontrôlables et irréels. Les objets des sens, les organes des sens, les consciences des sens et toutes les expériences que nous rencontrons possèdent également ces trois caractéristiques. La contemplation des quatre fondements de la pleine conscience conduit naturellement à la réalisation de l'impermanence, de la souffrance et du non soi, tout comme les quatre dernières instructions de l'enseignement du Bouddha sur *Anapanasati* :

Inspirer en étant conscient de l'impermanence,
expirer en étant conscient de l'impermanence.

Inspirer en étant conscient de l'évanouissement,
expirer en étant conscient de l'évanouissement.

Inspirer en étant conscient de la libération,
expirer en étant conscient de la libération.

Inspirer en se laissant aller,
expirer en se laissant aller.

Dans la tradition tibétaine, il existe également diverses approches pour comprendre la vacuité, mais elles suivent toutes la philosophie Madhyamika ou Voie du milieu. Ces contemplations amènent à comprendre non seulement le caractère désintéressé de la personne, mais aussi le caractère désintéressé et l'interdépendance de tous les phénomènes. Dans la tradition Gelug, l'inséparabilité de la vacuité et de l'apparition dépendante est soulignée. Parce que les phénomènes sont dépourvus d'existence véritable, ils apparaissent dans un processus d'apparition dépendante, et parce qu'ils sont des apparitions dépendantes, ils sont dépourvus de toute existence véritable ou substantielle. En revanche, la tradition Jonang parvient à la même compréhension en analysant les trois natures. La base de la vacuité de la nature imputée est la nature dépendante, et la base de la vacuité de la nature dépendante est la nature primordiale ou ultime.

Les traditions Kagyu et Nyingma, quant à elles, mettent l'accent sur une approche plus directe consistant à poser des questions en méditation afin de pénétrer la véritable nature de l'esprit. Un exemple abrégé d'une telle contemplation, basé sur les enseignements de Mahamudra du neuvième Karmapa, est le suivant :

Regardez la nature de l'esprit lorsqu'il est immobile ou posé et demandez : A-t-il une couleur, une forme ou un aspect ? A-t-il un surgissement, une cessation, une persistance, ou non ? Sa nature est-elle un état d'obscurité totale ou est-elle une clarté vive et claire ?

De même, laissez une pensée ou un sentiment surgir et examinez sa nature : Y a-t-il un endroit d'où elle est née, un endroit où elle a duré ou un endroit où elle a cessé ? Est-il situé à l'extérieur ou à l'intérieur du corps ? La nature de la pensée ou du sentiment est-elle une conscience claire et lumineuse, et y a-t-il une différence entre celle-ci et la conscience claire et lumineuse que vous avez vue dans l'esprit installé ?

Ensuite, vous devriez examiner l'esprit reflétant les apparences et en relation avec le corps : Lorsqu'il reflète une apparence (forme, son, goût, etc.), l'esprit et l'apparence sont-ils deux choses distinctes ? Si non, comment sont-ils liés ? Le corps et l'esprit sont-ils identiques ou différents ?

Enfin, vous devriez examiner la nature de l'esprit immobile et de l'esprit en mouvement ensemble : L'esprit immobile et l'esprit en mouvement apparaissent-ils alternativement ? L'esprit immobile est-il comme un champ et l'esprit en mouvement qui surgit comme une culture qui y pousse ? Ou bien ces deux éléments sont-ils identiques, comme une corde et ses enroulements (en ce sens qu'il ne peut y avoir d'enroulement séparé de la corde) ?

De cette façon, vous parvenez à comprendre la nature de l'esprit, ou la vacuité, au moyen de quatre intuitions : la nature de l'esprit lorsqu'il est immobile (suppression du sujet), la nature de l'esprit lorsqu'il est en mouvement (suppression de l'objet), la nature de l'esprit en relation avec les apparences et le corps (suppression du sujet et de l'objet) et la nature de l'esprit immobile et de l'esprit en mouvement ensemble (suppression ni du sujet ni de l'objet).

Une approche similaire impliquant des prises de conscience progressives est utilisée dans la tradition Zen (ou Chan). Pour ce faire, on utilise des koans pour percer l'esprit conceptuel, tels que "quel était mon visage original avant ma naissance" ou "mu" (la réponse donnée par un grand maître zen à la question "Un chien a-t-il la nature de Bouddha ? Littéralement, cela signifie "non"). Ces contemplations ne peuvent pas être résolues par un raisonnement logique, mais seulement par une vision non conceptuelle plus profonde, et les intuitions d'un étudiant sont vérifiées à plusieurs reprises par un enseignant.

En substance, l'outil de la méditation analytique vous permet d'approfondir votre compréhension de la vérité relative et ultime, et de voir comment cela se rapporte à votre propre expérience. Vous pouvez progressivement voir comment la compréhension de la vérité relative conduit à une compréhension plus profonde de la vérité ultime, car plus vous développez le renoncement et la compassion, plus vous pouvez apprécier la nature interdépendante de la réalité, et plus vous devenez "désintéressé". Inversement, lorsque vous comprenez que rien n'existe de manière substantielle et indépendante, vous acquérez un profond respect, un amour et une compassion pour les autres.

CHAPITRE 5

Les Objets de Méditation Avancée

I. LA CONSCIENCE OUVERTE COMME OBJET DE MÉDITATION

Bien que la méditation analytique permette certainement d'acquérir une véritable compréhension, une autre approche que certaines personnes peuvent préférer est la méditation basée sur la conscience ouverte ou l'installation de l'esprit dans son état naturel. Comme la prise de conscience de la respiration, cette méthode est bien adaptée à ceux dont l'esprit est enclin à l'agitation ou à la pensée compulsive. Cependant, pour s'engager correctement dans ces pratiques, il est souvent nécessaire d'avoir accompli certaines pratiques préliminaires.

Après avoir atteint un certain degré de concentration, vous pouvez alors vous concentrer et être attentif à la nature de votre propre expérience sans avoir besoin d'un objet de méditation spécifique. De cette façon, vous pouvez laisser l'esprit se libérer de tous ses schémas habituels et s'installer progressivement dans son état de base. Ce processus peut être renforcé en ouvrant les yeux et en se concentrant sur l'espace vide devant soi, en observant et en suivant simplement les pensées, les sentiments, les perceptions, les souvenirs et les sensations lorsqu'ils surgissent et se dissolvent à nouveau dans cet espace vide, sans toutefois s'y laisser prendre.

Dans la tradition Theravada, le Satipathana Soûtra parle de la pleine conscience des phénomènes, y compris les cinq agrégats, les objets des sens et les autres objets de la conscience. Une interprétation de cette notion consiste à laisser l'esprit se détendre dans un état de "pleine conscience non fixée", en observant simplement l'esprit lorsque les objets surgissent et se dissolvent à nouveau dans l'état de conscience ouverte. Dans la tradition zen, il existe une pratique similaire appelée shikan-ta-za, qui complète souvent l'utilisation des koans comme objet de méditation.

Dans la tradition tibétaine, il existe une variété de techniques de méditation qui utilisent la conscience ouverte comme objet. Un texte de la tradition Kagyu propose l'instruction suivante pour traiter les pensées qui surgissent :

> *Quelles que soient les pensées qui surgissent, reconnaissez-les simplement pour ce qu'elles sont, en plaçant votre attention sur elles sans penser "je dois les bloquer", ou sans vous sentir heureux ou malheureux. Regardez-les simplement avec l'œil de la conscience discriminante, en reconnaissant qu'elles ne sont que le jeu de l'esprit et en les laissant passer sans les saisir... comme une parade de personnages défilant sur une scène.*

Dans la tradition Nyingma, cette pratique est parfois appelée "immobilité, mouvement et conscience" et l'instruction est la suivante :

> *Reconnaître le mouvement tout en restant dans l'immobilité,*
> *Lorsque le mouvement se produit, restez sur le terrain de l'immobilité,*
> *Quand il n'y a plus de distinction entre l'immobilité et le mouvement,*
> *C'est l'introduction à l'unicité de pensée.*

Par conséquent, chaque fois qu'un mouvement se produit, vous ne devez pas figer l'immobilité ou faire obstacle au mouvement, mais plutôt reconnaître le mouvement dès qu'il se produit. Ensuite, en reconnaissant simplement le mouvement tout en maintenant le terrain de l'immobilité, le mouvement se dissoudra à nouveau dans l'immobilité. Finalement, vous pouvez atteindre un stade vibrant dans lequel le mouvement peut se produire dans l'immobilité et l'immobilité peut se produire pendant le mouvement, car le mouvement ne produit aucune distraction.

L'état d'esprit atteint par cette pratique est caractérisé par trois qualités : la félicité, la luminosité et la non-conceptualité. Cet esprit est comme le ciel, vaste et spacieux. Quoi que ce soit qui le traverse, qu'il s'agisse de nuages, d'arcs-en-ciel ou d'éclairs, le ciel ne réagit pas. Comme le ciel, vous pouvez vous entraîner à être attentif à tout ce qui se présente à l'esprit sans vous accrocher à quoi que ce soit. La poursuite de cette pratique peut conduire à shamatha, puis à l'intuition directe, en découvrant progressivement les trois qualités de l'esprit éclairé - son essence vide, sa nature consciente et sa compassion omniprésente.

Dans la tradition Jonang, l'état de conscience ouverte non conceptuelle est au centre de la pratique tantrique de shamatha dans la chambre noire. La posture spéciale, avec les yeux grands ouverts fixant l'obscurité au niveau du front, est une méthode tantrique très efficace pour "forcer" l'esprit à atteindre l'état non conceptuel et l'utiliser comme objet de concentration en un seul point. Contrairement aux méthodes de la plupart des autres traditions, aucun processus de "remise en question de la nature de l'esprit" n'est nécessaire. Il s'agit d'une méthode extraordinaire qui met en évidence les caractéristiques subtiles, profondes et uniques de la voie tantrique.

Un dernier commentaire est que la pratique de la conscience ouverte (ou toute pratique de méditation) peut être améliorée en passant un certain temps après la méditation à se remémorer les expériences que vous avez vécues. Vous pouvez noter vos expériences dans un journal, en discuter avec un partenaire ou simplement passer quelques minutes à vous rappeler comment s'est déroulée votre méditation, y compris les pensées, émotions, associations, expériences sensorielles, images mentales et souvenirs que vous avez rencontrés. Ce type de remémoration peut grandement améliorer votre capacité à maintenir votre conscience tout au long de votre pratique de la méditation.

II. LES JHANAS COMME OBJET DE MÉDITATION

Les jhanas sont des états d'esprit extrêmement raffinés, bienheureux et complètement absorbés que l'on peut expérimenter après avoir atteint shamatha. Il y a huit jhanas en tout, que l'on atteint dans l'ordre, dont quatre jhanas de la forme (où un type de forme subtile est présent) et quatre jhanas sans forme, où il n'y a pas de limites à la conscience et où la perception de toute forme a disparu. L'accès à ces états exige un abandon total du contrôle, et le temps que vous y passez dépend de l'"élan" de concentration que vous avez établi. Les quatre jhanas de la forme peuvent vous amener à des états de concentration plus profonds que shamatha et peuvent donc vous aider à développer la perspicacité, tandis que les quatre jhanas sans forme ne sont généralement pas aussi utiles.

L'accès aux jhanas est décrit dans la douzième étape du soûtra Anapanasati :

Inspirer en libérant l'esprit, expirer en libérant l'esprit.
Inspirer en libérant l'esprit, expirer en libérant l'esprit.

Selon cette instruction, entrer dans un jhana est un processus de libération complète de l'esprit qui implique de s'enfoncer ou de plonger dans l'objet mental subtil qui est au centre de votre méditation. Une lumière brillante peut également vous envelopper, accompagnée d'un sentiment de ravissement, alors que vous entrez dans un état complètement béat mais pleinement conscient et stable. Lorsque vous êtes absorbé dans cet état, vous n'avez aucune notion de l'espace, y compris de ce qui se passe dans votre corps, et vous ne pouvez rien entendre, voir ou dire.

Selon le bouddhisme, les états jhana équivalent à l'expérience des royaumes sans forme et avec forme, où l'on dit que les êtres renaissent s'ils se familiarisent fortement avec ces expériences de méditation ou s'y attachent. Cependant, si vous n'êtes pas attaché à ces expériences et que vous abordez la pratique avec une vue et une intention correctes, les jhanas peuvent être un objet de méditation extraordinaire. En particulier, le jhana de la quatrième forme peut vous aider à acquérir une concentration exceptionnelle en un seul point, et après cette expérience, vous pouvez facilement pénétrer la vérité de l'impermanence, de la souffrance et du non-soi.

L'esprit atteint par la pratique de shamatha est un type d'esprit du royaume des formes, décrit comme un état préliminaire ou d'accès à la réalisation du premier jhana. Une fois celui-ci accompli, le premier des jhanas est atteint par sept étapes préliminaires après shamatha. Chacune des quatre formes de jhanas comporte sept étapes préliminaires, appelées les sept placements de l'attention, et elles ne peuvent être atteintes qu'en progressant dans ces étapes de manière séquentielle. Les descriptions qui suivent ne sont que des explications approximatives, car elles décrivent des états ou des qualités d'esprit très subtils qui peuvent être atteints une fois que l'on a fait l'expérience de shamatha ; des descriptions plus détaillées sont disponibles mais dépassent le cadre de ce livre (en fait, les moines tibétains passent traditionnellement de nombreuses années à étudier ce sujet).

Ces sept placements de l'attention sont

1. *L'attention initiale*

A ce stade, vous avez l'attention spécifique pour initier la connexion avec l'état jhana.

2. *L'attention de discernement*

Cette étape possède un fort pouvoir de discrimination, basé sur l'intégration de l'étude et de la réflexion.

3. L'attention issue de la croyance
L'esprit atteint maintenant une qualité particulière de conviction.

4. L'attention isolée
A ce stade, l'esprit a une attention qui est totalement libre de distractions subtiles.

5. Attention de joie ou de retrait
La qualité de cet esprit est d'inviter la joie en soi et de faire l'expérience d'une joie débordante.

6. L'attention analytique
La qualité de l'esprit à ce stade est d'avoir une investigation et une compréhension subtiles.

7. L'attention finale d'intégration
Cette étape finale représente l'achèvement des qualités qui mènent à l'état d'esprit jhana réel.

Après avoir émergé de la méditation sur l'un des états jhana, vous pouvez reconnaître ce jhana particulier en identifiant un ensemble spécifique de qualités. Ces qualités décrivent un état d'esprit qui devient progressivement plus subtil et agissent comme des antidotes aux cinq obstacles - léthargie, incertitude, mauvaise volonté, agitation et remords et désir sensuel. Bien que je décrive ces qualités avec certains mots, elles sont beaucoup plus subtiles et suprêmes que ce que ces mots pourraient normalement indiquer. Le premier jhana possède quatre qualités : l'investigation et l'analyse, la joie, la félicité et l'unicité de pensée. Lorsque l'on atteint le deuxième jhana, la première qualité disparaît, de sorte que l'on se retrouve avec un esprit reposant dans un état de joie, de félicité et d'unicité. Le troisième jhana est caractérisé par un état de béatitude et d'unicité, tandis que dans le quatrième jhana, seule l'unicité ou l'équanimité demeure. C'est dans le quatrième jhana que la concentration est la plus raffinée et qu'elle est donc la plus puissante.

Au-delà du quatrième jhana de la forme, le méditant peut faire l'expérience des quatre jhanas sans forme : l'espace sans limite, la conscience sans limite, le néant et l'au-delà de la perception. Cependant, ces états ne sont généralement pas aussi bénéfiques, car l'état d'esprit est extrêmement subtil et ne possède pas la concentration développée dans les jhanas précédents. Le deuxième de ces états, la conscience infinie, peut dans certains cas servir de tremplin pour la réalisation de la vacuité, bien que les autres états soient généralement une entrave au développement de la véritable sagesse. Cette qualité de l'esprit dans les jhanas sans forme n'a presque aucune perception, n'étant qu'une forme ou une expérience subtile de l'esprit, et elle peut projeter le méditant vers une renaissance dans les royaumes sans forme où aucune forme physique n'est expérimentée : aucun son, aucune odeur, aucun goût et aucune sensation.

Ayant déjà atteint shamatha, vous avez la capacité de voir que le premier jhana est beaucoup plus subtil que l'esprit shamatha lui-même. Percevant la nature subtile et paisible de cet esprit, vous êtes inspiré à poursuivre votre pratique avec diligence afin d'atteindre les niveaux les plus fins des jhanas du royaume de la forme. Une fois l'absorption dans le premier jhana réalisée, vous êtes inspiré à accéder et à vous absorber dans les deuxième, troisième et quatrième jhanas. Après avoir émergé de ces états, un haut degré de stabilité et de vivacité se maintient pendant que vous vous livrez à vos activités quotidiennes, lorsque votre esprit retourne au royaume du désir. Pendant la méditation, vous abandonnez temporairement les pensées et émotions affligeantes qui caractérisent le royaume du désir ; entre les séances, elles se manifestent encore, mais avec une fréquence, une intensité et une durée moindres.

La puissante concentration atteinte dans les jhanas ouvre également la porte à l'obtention de la clairvoyance et de pouvoirs surnaturels. En orientant l'esprit vers le souvenir des vies passées, on peut atteindre la perception directe de nombreuses existences antérieures, en se souvenant de la nature de son expérience dans chacune d'elles. On peut également développer l'"œil divin", qui voit directement le passage et la renaissance des êtres et la façon dont ils se déplacent dans les différents domaines de l'existence en fonction de leurs actions. En outre, on peut développer l'ouïe divine, la connaissance de l'esprit d'autrui et des capacités surnaturelles qui permettent de contrôler les quatre éléments, comme se déplacer dans des objets solides, marcher sur l'eau ou voler dans l'espace. Cependant, le développement de ces cinq types de capacités extrasensorielles ne signifie pas que vous avez atteint la libération.

L'accomplissement des différents jhanas peut conduire à une renaissance dans les différents royaumes sans forme et avec forme. Cependant, les méditants bouddhistes ne cherchent généralement pas à renaître dans ces royaumes, car il n'est généralement pas possible d'y pratiquer la voie du Bouddha. La naissance dans ces royaumes est exempte de souffrance grossière, mais comme toute chose, ce type d'existence doit finalement avoir une fin. Comme ce n'est pas nécessairement le meilleur endroit pour pratiquer, une telle naissance peut être un gaspillage de karma positif. Il existe cependant des cas exceptionnels de pratiquants bouddhistes qui cherchent à renaître dans ces royaumes afin d'apaiser rapidement et temporairement les afflictions, bien que l'éradication complète de leurs propensions doive intervenir plus tard. Il existe également un stade d'accomplissement dans la voie Theravada connu sous le nom de non-revenant, après lequel on renaît spontanément dans un royaume de forme avant d'atteindre le nirvana.

Bibliographie

Un grand nombre des pratiques abordées dans ce texte peuvent être lues de manière plus approfondie dans les ouvrages suivants :

Le Dong (trad). *Dhammapada, la voie du bouddha* (Point Sagesse 2004).

John Kabbat-Zinn. *Au cœur de la tourmente, la pleine conscience.* (J'ai lu 2012).

Ajahn Brahm. *Manuel de méditation selon le bouddhisme theravada,* (Almora 2016).

Jeanne Schut. *La tradition de la forêt: histoires et enseignements des grands maîtres du bouddhisme Theravada* (Sully 2019)

Sa Sainteté le Dalai Lama. *Transformer son esprit* (Livre de poche 2003).

Dakpo Tashi Namgyel et Christian Charrier. *Rayons de lune: les étapes de la méditation de mahamudra.* (Tsadra 2010).

Shar Khentrul Jamphel Lodro. *Révéler votre vérité sacrée: La voie de Kalachakra compléte, Livre Un à Trois.* (Traduction à venir).

B. Alan Wallace. *La force de l'attention* (Le Relié 2023).

A propos de l'auteur

Khentrul Rinpoché Jamphel Lodrö est le fondateur et le directeur spirituel de Dzokden. Rinpoché est l'auteur de nombreux ouvrages, dont Unveiling Your Sacred Truth, The Great Middle Way : Clarifier la vision jonang de l'autre vacuité, Une vie plus heureuse, et Le trésor caché de la voie profonde.

Rinpoché a passé les 20 premières années de sa vie à garder des yacks et à chanter des mantras sur les plateaux du Tibet. Inspiré par les bodhisattvas, il a quitté sa famille pour étudier dans divers monastères sous la direction de plus de vingt-cinq maîtres dans toutes les traditions bouddhistes tibétaines. En raison de son approche non sectaire, il s'est vu décerner le titre de maître Rimé (impartial) et a été identifié comme la réincarnation du célèbre maître Kalachakra Ngawang Chözin Gyatso. Bien qu'au cœur de ses enseignements se trouve la reconnaissance de la grande valeur de la diversité de toutes les traditions spirituelles présentes dans ce monde, il se concentre sur la tradition Jonang-Shambhala. Les enseignements du Kalachakra (roue du temps), transmis par les rois Kalki de Shambhala, contiennent des méthodes profondes pour harmoniser notre environnement extérieur avec le monde intérieur du corps et de l'esprit. Ce tantra est directement lié au karma de notre terre afin d'amener l'âge d'or de la paix et de l'harmonie (Dzokden). Khentrul Rinpoché a fait de la diffusion de ces précieux enseignements dans le plus grand nombre de langues possible la mission de sa vie, afin que nous puissions véritablement transformer notre monde, une personne à la fois, de l'intérieur vers l'extérieur.

Shar Khentrul Jamphel Lodrö

La vision de Rinpoché

Dzokden a été fondé dans le but exprès de soutenir Khentrul Rinpoché dans la réalisation de sa vision de l'avènement d'un âge d'or de paix et d'harmonie dans ce monde. Au fur et à mesure que notre communauté grandit et se développe, de plus en plus de personnes s'impliquent dans cet effort extraordinaire.

Pour vous donner une idée de l'ampleur de la vision de Rinpoché, nous pouvons parler de huit objectifs qui reflètent les priorités à court et à long terme de Rinpoché :

OBJECTIFS IMMÉDIATS

En définitive, un bonheur durable et authentique n'est possible que par une profonde transformation personnelle. Aujourd'hui plus que jamais, nous avons besoin de méthodes pour développer notre sagesse et actualiser notre plus grand potentiel. C'est pour cette raison que Rinpoché accorde une si grande priorité à la préservation de la lignée du Jonang Kalachakra. Rinpoché se propose de le faire de quatre manières différentes :

1. **Créer des occasions de se connecter à une lignée authentique et complète de Kalachakra en étroite collaboration avec des méditants dévoués dans les régions reculées du Tibet.** Notre objectif est de créer tous les supports nécessaires à la pratique du Kalachakra, conformément aux maîtres de la lignée authentique qui perpétuent

cette tradition depuis des milliers d'années. Pour ce faire, nous commandons des statues et des peintures, écrivons des livres et donnons des enseignements dans le monde entier. Nous veillons tout particulièrement à garantir l'authenticité de nos matériaux, en nous appuyant sur l'expérience profonde de méditants hautement réalisés qui consacrent leur vie à ces pratiques.

2. **Créer des centres de retraite internationaux pour l'étude et la pratique du Kalachakra.** Afin d'intégrer les enseignements dans notre esprit, il est crucial d'avoir la possibilité de s'engager dans des périodes de pratique intensive. C'est pourquoi nous nous efforçons de créer l'infrastructure nécessaire pour aider et encourager les membres de notre communauté à s'engager dans des retraites à court et à long terme. Cela inclut l'achat d'un terrain et la construction de tout ce qui est nécessaire pour mener des retraites en groupe et en solitaire. Notre objectif à long terme est de développer un réseau de centres de ce type dans le monde entier, formant ainsi une communauté mondiale qui soutient une large variété de praticiens.

3. **Traduire et publier les textes uniques et rares des maîtres du Kalachakra.** Le système du Kalachakra a fait l'objet d'innombrables textes au cours de la longue histoire du Tibet. Jusqu'à présent, seule une petite partie de ces textes a été traduite et rendue accessible en Occident. Bien que les textes théoriques soient importants, nous souhaitons nous concentrer en particulier sur les instructions de base qui guideront les pratiquants dévoués vers une expérience plus profonde de ces enseignements profonds.

4. **Développer les outils et les programmes pour une expérience d'apprentissage structurée.** Avec des groupes d'étudiants répartis dans le monde entier, nous pensons qu'il est important de tirer le meilleur parti des technologies modernes pour faciliter le proces-

sus d'apprentissage de nos étudiants. Notre objectif est de développer une plateforme éducative en ligne robuste qui permette à notre communauté internationale d'accéder à des programmes d'études de qualité, intuitifs, structurés et attrayants.

OBJECTIFS À LONG TERME

Si chacun d'entre nous s'efforce d'atteindre la paix et l'harmonie ultimes dans son propre esprit, nous ne devons pas perdre de vue le fait que nous existons dans le contexte d'un monde rempli d'une grande diversité d'individus. Ces individus donnent naissance à une grande variété de croyances et de pratiques qui, à leur tour, façonnent nos relations et nos interactions les uns avec les autres. Dans cette réalité interdépendante, il est vital de trouver des stratégies viables pour promouvoir une plus grande tolérance et un plus grand respect. À cette fin, Rinpoché propose quatre domaines d'activité spécifiques :

1. **Promouvoir le développement d'une philosophie Rimé par le dialogue avec d'autres traditions.** Avec le désir d'être des membres constructifs d'une société pluraliste, nous devons apprendre à concilier nos différences. À cette fin, nous voulons aider les gens à développer les qualités positives qui favorisent une attitude de respect mutuel, d'ouverture aux nouvelles idées et un désir curieux de surmonter notre ignorance.

2. **Développer des modèles de rôles hautement réalisés en offrant un soutien financier aux praticiens dévoués.** Afin d'assurer l'authenticité de nos traditions spirituelles, il est impératif qu'il y ait des personnes qui réalisent les plus hautes réalisations. C'est pourquoi nous souhaitons créer un programme de bourses d'études pour aider les pratiquants authentiques qui souhaitent consacrer leur vie au développement spirituel, quel que soit leur système de pratique.

En aidant les gens à actualiser les enseignements, ils deviennent des modèles positifs pour ceux qui les entourent, inspirant et guidant les générations à venir.

3. **Actualiser le grand potentiel des pratiquantes en développant des programmes de formation spécialisés.** La culture tibétaine a une longue histoire de culture de maîtres hautement réalisés grâce à l'entraînement intensif de ceux qui sont reconnus comme ayant un grand potentiel. Malheureusement, la recherche de ce potentiel s'est trop souvent concentrée uniquement sur les candidats masculins. Rinpoché pense qu'il est de plus en plus important d'avoir des modèles féminins forts, hautement réalisés, qui peuvent aider à apporter un plus grand équilibre dans notre monde. C'est pourquoi nous travaillons à l'élaboration d'un programme de formation unique visant à offrir aux femmes la possibilité d'actualiser leur potentiel spirituel. Notre objectif est de concevoir un programme d'études spécialisé ainsi que l'infrastructure financière nécessaire pour soutenir pleinement tous les aspects de leur formation.

4. **Promouvoir une plus grande souplesse d'esprit et une compréhension plus large de la réalité grâce à des programmes éducatifs modernes.** Dans un monde qui évolue rapidement, nous devons repenser les types de compétences que nous enseignons à nos enfants. Les structures rigides du passé sont souvent mal équipées pour préparer les élèves aux défis qu'ils devront relever au cours de leur vie. C'est pourquoi nous cherchons à développer une variété de programmes éducatifs qui peuvent aider les enfants à devenir plus flexibles et plus capables de s'adapter à leur contexte. Une partie importante de ces programmes consiste à développer une plus grande conscience du rôle que joue notre esprit dans nos expériences quotidiennes. Nous souhaitons également introduire des réformes dans le système éducatif monastique afin de le rendre plus pertinent pour le monde moderne.

COMMENT POUVEZ-VOUS OFFRIR VOTRE SOUTIEN ?

Ce qui précède ne sera pas possible sans votre soutien et votre participation. Une vision de cette ampleur exige beaucoup de mérite et de générosité de la part de nombreux bienfaiteurs pendant de nombreuses années. Si vous souhaitez offrir votre soutien, n'hésitez pas à nous contacter.

Dzokden
3436 Divisadero Street
San Francisco, California 94123
United States of America
www.dzokden.org